배낭 두 개로 시작한
독일 생존기

배낭 두 개로 시작한 독일 생존기

15년 차 독일 직장인이 전하는
취업·언어·정착 현실 적용법

초 판 1쇄 2025년 07월 28일

지은이 서승아
펴낸이 류종렬

펴낸곳 미다스북스
본부장 임종익
편집장 이다경, 김가영
디자인 윤가희, 임인영
책임진행 안채원, 이예나, 김요섭, 김은진

등록 2001년 3월 21일 제2001-000040호
주소 서울시 마포구 양화로 133 서교타워 711호
전화 02) 322-7802~3
팩스 02) 6007-1845
블로그 http://blog.naver.com/midasbooks
전자주소 midasbooks@hanmail.net
페이스북 https://www.facebook.com/midasbooks425
인스타그램 https://www.instagram.com/midasbooks

ⓒ 서승아, 미다스북스 2025, *Printed in Korea*.

ISBN 979-11-7355-343-1 03190

값 19,000원

※ 파본은 구입하신 서점에서 교환해드립니다.
※ 이 책에 실린 모든 콘텐츠는 미다스북스가 저작권자와의 계약에 따라 발행한 것이므로 인용하시거나 참고하실 경우 반드시 본사의 허락을 받으셔야 합니다.

미다스북스는 다음세대에게 필요한 지혜와 교양을 생각합니다.

15년 차 **독일 직장인**이 전하는 **취업 · 언어 · 정착** 현실 적용법

배낭 두 개로 시작한
독일 생존기

서승이 지음

미다스북스

목차

너를 위한 나의 이야기 008
: 이방인의 땅, 절망과 도전 그리고 성장까지

PART 1.
 **배낭 두 개로 떠난 독일, 10억짜리 삶을 만들다**

1. 왜 하필이면 독일이었을까? 013
2. 회사는 나의 가장 특별한 어학원 025
3. 초라한 자취방에서 꿈의 단독 주택까지 050

Special Tip 1: 나에게 딱 맞는 독일 비자 066

PART 2.
 발음 하나 바꿨을 뿐인데
인생이 달라졌다

1. 독일어 발음, 이 10가지만 기억하자 071

2. 독일어 공부 전략 5가지, 기적의 설계도 093

3. 챗GPT야, 6개월 안에 B2 달성 도와줘 116

Special Tip 2: 독일어 공부, 이 조합이면 충분해! 131

PART 3.
나만의 독일 취업 로드맵 그리기

1. 10명의 다른 독일 스토리　**143**

2. 진짜 궁금한 독일 취업과 이민 Q&A　**159**

3. 궁합으로 보는 독일과 나 – YES or No?　**179**

Special Tip 3: 준비부터 정착까지, 실전 로드맵　**183**

부록　**186**

너를 위한 나의 이야기:
이방인의 땅, 절망과 도전 그리고 성장까지

'나도 해외에서 일해볼까?' 이런 생각, 누구나 한 번쯤 가져봤을 것이다. 나도 이런 고민을 하다가 비자 없이 그리고 연고 없이 독일에 왔다. 처음 독일 프랑크푸르트 공항에 도착했을 때 내가 가진 것은 배낭 두 개가 전부였다. 그 당시 나는 48kg 몸무게의 작은 체구였는데, 낯선 땅에서, 나 혼자서 대중 교통으로 이동하며 짊어질 수 있는 짐이 딱 그만큼이었다. 그로부터 15년이 훨씬 넘은 지금, 나는 그때와는 완전히 다른 사람이 되었다. 많은 것을 얻었고, 무엇보다 '진정한 행복'을 비로소 맛보고 있다. 그런데 독일에서 내 정착은 만만치 않았다. 정착 초반에 적금을 든다는 이유로 구했던 아파트는 너무 어두워 심한 우울증이 걸릴 것 같았다. 그리고 독일어 알파벳도 모르고 시작했던 초기 회사 생활은 복통으로 몇 달 동안 아팠던 기억밖에 없다.

이렇게 힘들 수도 있는 독일 취업, 왜 지금 도전해야 할까?

먼저, 지난 10년간 한국인의 독일 취업자 수가 엄청나게 증가했다. 이 점이 시사하는 바는 매우 크다. 둘째, 2024년 독일 이민법이 새로 개정되면서 숙련된 인력 유치를 위해 이민 문턱이 대폭 낮춰졌다. 셋째, 이젠 디지털 노마드(첨단 디지털 장비와 기술을 갖추고 해외에서 일하는 사람), 4일 근무제, AI와 함께 일하는 시대로 더 이상 한 나라에만 머무를 이유가 없다. 넷째, 진짜 강국들은 모두 '바깥'을 경험하며 성장했다. 즉, 더 큰 세상을 경험함으로써 나를 한 단계 끌어올릴 수 있다. 다섯째, 진짜 세상은 여행이 아니라 '삶'에서 보인다. 여행은 스쳐 지나가는 구경이지만, 이민은 완전한 인생 리셋이다.

이 책은 나의 실패와 도전, 그리고 다시 일어선 기록이다. 1부에서는 초라한 자취방에서 시작해 10억짜리 삶을 만들기까지의 나의 독일 정착 스토리를 들려준다. 그리고 2부에서는 독일어 정복 비밀 무기를 공개한다. 마지막 3부에서는 실제 10명의 독일 이민 선배들이 털어놓는 각자의 스토리와 더불어 독일 취업을 위한 알찬 정보를 담았다. 혹시 지금 '나도 한 번쯤 남들이 가지 않은 길을 가보고 싶다.'라는 마음이 든다면, 이 책이 독자의 인생을 바꿀 작은 등대가 되길 바란다. 나의 시행착오와 도전 이야기를 거울삼아 체계적인 준비를 한다면, 진정 재미난 독일 정착을 경험할 것이다.

"한 번의 용기, 한 번의 시작, 지금 바로 준비하면 내년이 바뀐다."

– 나를 있게 해주신 엄마께 감사하며

PART 1.

배낭 두 개로 떠난 독일, 10억짜리 삶을 만들다

1.
왜 하필이면 독일이었을까?

어릴 적부터 내 마음속에는 확고한 꿈이 있었다. 외국에 나가서 한번 일해 보고 싶다는 것. 특히 30살이 되기 전에 미국으로 가서 직장도 구하고, 상황 봐서 공부도 하고 싶었다. 이건 내가 중학교 때부터 마음먹고 있었던 일이었다.

하지만 한국에서 일하는 초년 마케터인 내가 미국에 가서 바로 취업을 한다는 것은 불가능했다. 오히려 미국 대학원에서 먼저 공부를 하고 졸업한 후, 현지 회사에 지원하는 것이 훨씬 가능성이 있어 보였다. 그런데 이 길을 선택하면 한국에서 준비부터 미국에서의 취업까지 최소 3년은 기다려야 했다. 나는 이 시간에 바로 실무를 익히고 싶었다. 사실 더 솔직히 고백하자면 그동안 열심히 모아둔 돈을 미국에서 3년 동안 투자하기보다는 '40살까지 10억'이라는 내 꿈을 향해 더 빠르게 다가가고자 하는 마음이 앞섰다. 이 목표는 내가 중학생 시절에 짜 놓은 인생 계획표에도 들어가 있다. 그 안에는 '대학생 때 경제적으로 힘들더라도 캐나다 어학연수 가기', '20대 넘기 전 해외 취업하기', '30대 대학원 가기', '40대까지 10억 모으기', '50대는 또 다른 신세계에 도전하기', '60대도 전문가로서 일하기' 등이 적혀 있다. 그리고 나는 이 계획표를 바탕으로 목표를 차근차근 달성해 나갔다. 먼저 영어 어학연수를 마치고, 두 번째 목표인 '20대에 해외 취업'을 고민하기 시작했다. 그러던 중에 친구들과 함께 이태원의 한 레스토랑을 방문했다. 그곳 사장은 내가 아는 언니였는데, 이 언니가 진짜 레전드였다. 뉴욕에서 10년 넘게 요식업 하면서 대박 낸 진짜 성공한 사람. 나는 이 언니에게 나의 고민을 솔직하게 털어놨다.

"언니, 나도 언니처럼 미국 가서 한번 제대로 살아보고 싶어요." 그때 언니가 던진 한 마디가 내 인생을 180도 바꾸어 놓았다. "야, 왜 꼭 미국이야? 이제 영어는 누구나 해. 미래에 너를 진짜 차별화하고 싶으면 유럽 언어 하나 정도는 해야지." 번개를 맞은 기분이었다. '그래, 왜 내가 지금 미국이라는 나라를 가지고 끙끙대고 있지? 꼭 미국이어야 할 필요는 없잖아?' 그리고 내 머릿속에서 모든 퍼즐이 딱딱 맞춰지기 시작했다. 나는 이미 캐나다에서 영어 어학연수를 했고, 프랑스 회사에서 일하고 있었다. 그래서 사실 언니의 말처럼 미국보다 유럽이 훨씬 더 스마트한 선택이었다. 그 언니, 진짜 예언자였을까? 우리가 그런 이야기를 나누던 2006년에 벌써 세계 경제와 국제 정치 동향도 객관적으로 파악하고 있었다니. 지금 생각해보니 유럽을 선택한 것은 신의 한 수였다. 유럽에선 27개국을 자유롭게 다니면서 일하고 공부하며 여행 다닐 수 있으니까. 더욱이 최근 미국 이민 정책에 관한 뉴스를 볼 때마다, 독일에서 안정적으로 살고 있는 나는 그 언니에게 평생 감사할 따름이다.

물론 이것은 세월이 지난 지금이니까 할 수 있는 말이다. 지금과는 상황이 다른 그 당시에는 유럽 취업이 흔한 시절이 아니었다. 또 어려서부터 해외 취업하면 미국만 생각해왔기 때문에, 그때까지 낯설었던 유럽 국가들 중에서 어디로 갈지 다시 새롭게 정해야 했다. 그래서 일단 프랑스를 후보 나라로 정하고 내가 서울에서 다니고 있던 프랑스 파리 본사의 마케팅 포지션에 지원했다. 하지만 본사에는 내가 지원할 수 있는 자리조차 없는 상태였다. 2006년 당시 우리 회사는 제품 개발만 하고, IBM이 전 세계적으로 판매·마케팅을 전담하는 구조였기 때문이다. 때마침 내 소식을 접한 한국에서 상주하고 있던 프랑스 지사장님이 나에게 달콤한 제안을 했다. "2년만 기다려. 조만간 전 세계적으로 우리 회사의 영업 모델이 바뀔 거야. 그때 프랑스로 보내줄게." 하지만 나는 속으로 '2년? 절대 안 돼! 내 인생 계획표에 해외 취업은 20대라고 적혀 있단 말이야!'라고 생각했다.

두 번째 후보 나라는 독일. 대학을 졸업하고 취업난에 허덕이던 시절, 어렵게 3개월 계약직으로 루슨트 테크놀로지라는 그 당시 '최고'의 외국계 회사에 들어갔다. 그곳에서 내 또래 독일 교포 미샤엘(Michael)을 알게 되었고, 우리는 친구가 됐다. 어느 날, 그 친구가 툭 던지듯 말했다. "독일엔 야근이란 것이 없어, 만약 일하는 시간이 주 40시간 넘으면 회사에서 오버타임 수당을 챙겨주거나, 더 많이 일을 한 다음 날은 일찍 퇴근시켜야 해. 이게 법이야." 이 말을 듣고 나는 적지 않은 문화 충격을 받았다. '업무 시간이 초과되면 회사에서 오버타임 수당을 챙겨줘야 하다니. 그리고 그것이 법으로 정해졌다니.' 미샤엘이 말하는 이런 저런 이야기를 들으며 그때까지 전혀 관심 없던 독일이란 나라에 호기심을 갖기 시작했다. 그리고 미샤엘을 통해 한국에 사는 다른 독일 교포들과 친분을 맺으며 나는 독일에 빠져들기 시작했다.

마침 오랜만에 만난 몇몇 독일 교포 친구들에게 나의 유럽 취업 계획을 이야기했다. 그리고 이 친구들이 조언해준 대로 독일 프랑크푸르트에 있는 한국 회사에 내 이력서를 보냈다. 내 서류를 이메일로 보내고 나서, 그 당시 매우 비싼 국제 전화를 해가며 직접 채용 문의를 했다. 하지만 전화 너머로 돌아오는 대답은 늘 똑같았다. "독일에서 살고 계세요?", "취업 비자는 소지하고 계신가요?", "당장 면접 볼 수 있나요?" 이런 저런 상황을 따져 봤을때 한국에서 직장을 다니고 있는 상태에서 독일에 있는 일자리를 찾는 것은 불가능했다.

그래서 서울 주재 독일대사관에 연락을 해서 독일 취업 비자와 관련해서 문의를 해 보았다. "안녕하세요, 독일 가서 일하고 싶은데 취업 비자 어떻게 받나요?" 그 순간 전화기 너머로 들려온 건…. "학생 비자로 대학은 갈 수 있어요. 근데 비자 없이 독일에 가서 현지에서 일자리 찾는다고요? 100% 불가능합니다!" 실망스러운 대답이었다. 이제 어떻게 하지? 독일은 내가 갈 수 없는 나라인가? 그때 내 머릿속에 번개처럼 떠오른 방법이 네트워킹! 지금의 나는 보수적인 독일에서 너무 오래 살아서 낯을 많이 가리는 성격으로 변했다. 하지만 그 당시만 해도 나는 회사에서 '네트워킹 여왕(natural networker)'이라고 불릴 정도로 미국식 스몰토크의 달인이었다. '그래 좋아, 내 이 특기를 살려보자!'라고 속으로 외치며 유럽 취업 준비를 시작했다. 그때 서둘러 진행한 4가지 방법은 이렇다.

01. 네이티브 영어 강사들: 유럽 네트워크의 시작

몇몇 친구를 통해 캐나다, 영국, 호주, 뉴질랜드, 미국에서 온 네이티브 영어 강사들과 만나게 되었다. 처음엔 그저 외국인 지인 정도였지만, 시간이 흐르면서 우리 사이에는 우정이라는 소중한 끈이 만들어져 갔다. 한국 생활이 막막한 이 친구들에게 나는 어느새 든든한 현지 가이드가 되어 있었다. 병원에서 의사와 대화해야 할 때, 복잡한 은행 업무를 처리해야 할 때, 나는 언제나 그들 곁에 있었다. 월세집 계약부터 주민 센터 행정 업무, 각종 공과금 납부까지 내가 알아서 해결해 주었다. 그런데 사실 내가 베푼 것보다 얻은 것이 훨씬 더 컸다. 캐나다 어학연수 이후 서울에서 완전히 녹슬어

버린 내 영어가 이 친구들과의 일상적인 대화로 다시 되살아났다. 무엇보다 학원에서는 절대 배울 수 없는 문화적 뉘앙스에 대한 깊이 있는 이해, 상황에 딱 맞는 적절한 표현들, 그리고 자신감 넘치는 영어 커뮤니케이션 능력까지. 여기에 그동안 익숙했던 미국식, 캐나다식 영어에서 벗어나 영국/호주/뉴질랜드식 영어도 배웠다.

그런데 이 모든 경험 중에서도 가장 값진 것은 바로 번뜩이는 아이디어 하나였다.

외국인들이 서울에서 살며 가장 힘들어하는 것이 바로 집 구하는 일이라는 사실을 깨닫게 된 것이다. 살고 있는 집의 시설이 고장 날 때 집주인이 즉각 수리해주지 않고, 전세금 같은 목돈은 꿈도 꿀 수 없다는 현실적인 문제들도 눈앞에서 지켜보게 되었다. 이런 상황들을 옆에서 주시하던 나에게 갑자기 운명 같은 아이디어가 떠올랐다. '그래, 내가 직접 큰 집을 구해서 외국인들에게 방을 내주자. 유럽인들과 함께 살면서 월세도 받고. 이게 바로 살아있는 네트워크의 시작 아닌가?' 이 방법은 완벽했다. 유럽인 친구들과의 친분도 쌓고, 동시에 부수익까지 얻을 수 있는 일석이조의 기가 막힌 아이디어였다.

02. 토스트 마스터(Toast Master): 유럽 친구와의 연결 도우미

그런데 유럽 친구는 어떻게 만나지? 그 당시에는 에어비앤비도 없던 시절이었다. 직장인 생활을 막 시작했을 무렵, 나는 매주 월요일 한국인과 외국인들이 모여 영어로 발표 연습을 하고 서로 평가해주는 토스트 마스터에 빠짐없이 참석했다. 남들 앞에서 결과물을 발표하고 어느 정도는 무대 체질이어야 하는 마케팅을 직업으로 하는 나였지만, 사실 나는 사람들 앞에서 말하는 것을 좋아하지 않았다. 특히 그때는 이런 증상이 훨씬 더 심했는데, 사람들 앞에서 영어로 발표하고 평가를 받는다는 것은 여간 부담스러운 일이 아니었다. 그런데 토스트 마스터의 공식적인 발표 시간이 끝나고 시작되는 뒤풀이 시간은 정말 흥미로웠다. 여기서 만난 외국인들은 비즈니스 때문에 서울에 온 엘리트들이라 뒤풀이에서 나누는 대화의 수준이 완전히 달랐다. 서로에게 진짜 임팩트 있는 조언들을 주고받는 그런 자리였다. 어느 날, 함께 저녁을 먹는 도중에 한 미국 친구가 나에게 던진 한 마디가 모든 것을 바꿨다. "너 집을 구해서 외국인들에게 월세 주고 있다며? 그런데 이왕이면 직장인이고, 게다가 유럽인을 구한다고? 영자 신문 코리아 헤럴드에 광고 내봐!" 생각해보니 한국에서 영자 신문 코리아 헤럴드를 읽는 사람은 외국인들이고, 직장인일 가능성이 컸다. 그래서 나는 내 전세집을 멋지게 포장한 광고 글을 코리아 헤럴드에 실었고, 광고를 낸 며칠 후 바로 내 룸메이트들을 만날 수 있었다. 그렇게 나는 독일에서 온 티나와 핀란드에서 온 에밀리아에게 방을 세주게 되었다. 그리고 이 친구들이 한국에서의 임시 업무를 마치고 본국으로 돌아갈 때는, 다음 독일인 룸메이트를 자연스럽게 소개받았다.

이미지 1 – 외국인과의 네트워크 4단계 전략

03. 에어비앤비: 나를 독일로 오게 한 결정적 은인

    에어비앤비 형태의 비즈니스를 위해 구한 전세집은 침실 세 개와 넓은 거실, 부엌, 그리고 축구를 해도 될 만큼 큰 발코니가 있는 단독 주택 2층이었다. 운이 좋게도 이 집은 내 회사와 아주 가깝고 교통이 좋은 마포 지하철역 근처에 위치해 있었다. 이제 빠른 시간 내에 집을 풀옵션으로 꾸며 놓기 위해 동분서주해야 했다. 침대와 여러 가구, 세탁기 등은 중고 가게에서 구입하고, 침구류와 커튼은 가족의 도움을 받아 유럽인들이 좋아할 만한 스타일로 골랐다. 마지막에 주방 살림까지 갖춰 놓으니 완벽하지는 않았지만 살 만한 보금 자리가 마련되었다. 나는 이 집에 HSS(Happy Smile Success)라는 이름까지 붙여가며 손님 맞을 준비를 했다. 그리고 HSS는 오픈한 지 얼마 되지 않아 독일 친구와 핀란드 친구가 함께하는 문화 교류의 장이 되었다. 내 룸메이트들을 찾아 한국에 정기적으로 방문하는 그들의 가족과 친구들까지 합세하면서 우리 집은 언제나 사람들로 북적였다. 우리는 모이면 거실에 각 나라 음식을 펼쳐놓고 끊임없이 이야기를 나눴다. 독일 사람들은 왜 그렇게 지나치게 철저한 개인주의인지, 핀란드에는 왜 알코올 중독자가 많은지, 한국 사람들은 왜 그렇게 쩝쩝대며 음식을 먹는지, 이런 솔직한 문화적 차이들을 허심탄회하게 주고받는 시간들이었다.

특히 나와 같은 집에서 살며 진짜 가족이 된 독일인 친구 티나에게서 독일 생활에 대한 생생한 정보들을 얻을 수 있었다. 유럽의 중심부에 위치한 독일이 그 지리적 이점 덕분에 어떻게 경제적으로 성장할 수 있었는지에 대한 이야기를 들으며 깊은 인상을 받았다. 훗날 내가 실제로 독일에서 직장생활을 하면서 독일 여러 도시의 박람회에 직접 참여하며, 티나가 그때 해준 말들을 내 눈으로 확인하게 될 줄 그 당시에 상상이나 할 수 있었을까? 티나가 들려준 이야기는 이뿐만이 아니었다. "독일은 아홉 개 나라와 국경을 맞대고 있어서 함부르크에서 차를 몰고 가면 금세 덴마크에 도착하고, 독일 남부 사람들은 하루 코스로 오스트리아나 스위스를 다녀와. 그리고 독일 서부나 남부에 살면 프랑스 당일 여행은 물론이고, 벨기에나 네덜란드도 하루 일정으로 다녀올 수 있어." 이런 얘기를 듣고 있으면 상상만으로도 가슴이 뛰었다.

이렇게 나의 유럽 취업, 아니 독일 취업은 점점 더 구체적인 현실로 다가오고 있었다.

04. Never Eat Alone: 점심시간에는 인맥 관리하기

네이티브 영어 선생님 그룹, 토스트 마스터, 에어비앤비 호스팅을 통해 나는 많은 지인들을 알게 되었다. 그리고 이렇게 쌓인 인맥 관리는 『**식사는 혼자 하지 말라(Never Eat Alone)**』라는 책에서 배운 대로 점심시간을 이용했다. 그 책은 '관계를 맺기 전에 왜 이 사람과 연결되어야 하는가를 생각하고, 자신의 목표와 가치관을 명확히 한 다음, 이를 바탕으로 네트워킹 전략을 세워라. 다만 네트워킹은 단순히 사람을 만나는 것이 아니라, 진정한 신뢰와 우정을 쌓는 것이 핵심이다.'라는 것을 핵심 내용으로 다루고 있다. 결과적으로 네이티브 영어 강사들과의 교류 속에서 자연스럽게 에어비앤비 아이디어가 탄생됐다. 그리고 토스트 마스터의 뒤풀이는 코리아 헤럴드 광고로 이어졌다. 그 광고를 통해 유럽인 친구들이 내 삶 속으로 들어왔고, 특히 티나와 함께 나눈 대화는 독일이라는 나라를 내 마음 깊숙이 심어주었다. 여기에 『Never Eat Alone』에서 배운 철학을 바탕으로 이 모든 만

남을 소중히 가꿔 나갔다. 즉, 이 네 개의 톱니바퀴가 완벽하게 맞물리면서, 나는 한국에 있으면서도 유럽 취업의 정보와 인맥을 손에 넣을 수 있었다.

이런 과정을 거친 후, 나는 최종적으로 나의 제2의 고향으로 독일을 결정했다. 그리고 운명의 날, 회사에 사표를 냈다. 나의 결정에 주변 사람들의 반응은 한결같았다. "요즘 취업이 얼마나 어려운데! 너 정말 제정신이야?" 그때 나는 사람들이 부러워하는 직장, 번역 부업, 에어비앤비 전세집 운영까지 쓰리잡을 하면서 제법 많은 돈을 모으고 있었다. 하지만 내게는 꿈이 있었고, 내 마음은 이미 독일을 향해 달려가고 있었다. '유럽 취업은 유럽에 가서 직접 부딪쳐보자. 내가 정말 살 수 있는 곳인지, 일자리는 구할 수 있는지.'

그때부터 모든 일이 눈 깜짝할 사이에 빠르게 돌아가기 시작했다. 가장 먼저 에어비앤비형 전세집 계약을 해지하고, 늘어난 살림살이를 정리했다. 독일 현지 취업에 필요한 각종 서류를 준비하고, 은행 업무도 하나씩 처리해야 했다. 하지만 무엇보다 가장 큰 문제는 바로 '짐 싸기'였다. 독일에 가면 집도, 차도 없는 상태. 짐을 최대한 줄이는 것이 급선무였다. 체구도 작은 내가 어깨에 메고, 손에 들고 다닐 수 있는 만큼만 챙기다 보니 결국 짐을 '배낭 두 개'로 줄여야 했다. 그 순간, 뼈저리게 깨달았다. '내 인생에서 내가 당장 쓸 물건, 정말 꼭 필요한 것들은 결국 배낭 두 개면 충분하구나.'

이렇게 내 인생의 새로운 챕터는 배낭 두 개와 함께 시작되었다. 겉으로는 쿨한 척했지만, 내 결정과 준비 과정은 패러글라이딩에서 안전줄을 끊는 것과 같았다. 취업 확정도 없이 그냥 뛰어내리는 거였다. 스트레스가 극에 달한 탓일까? 탑승 전 갑자기 걸린 방광염으로 독일행 12시간 비행 내내 사경을 헤매야 했다. 이 지독한 고통은 고국을 떠나 만난 첫 번째 시련이었다. 지금도 기억에 생생한 그 고통의 장시간을 비행기에서 보내고 난 후, 관광 비자로 도착한 독일의 여름은 정말 환상적으로 아름다웠다(겨울에 해가 안 뜬다는 건 그때는 몰랐지만). 도착 며칠 후, 인터넷에서 찾은 프랑크푸르트 금융 관련 IT회사에서 면접을 봤다. 이 자리에서 그동안 내가 쌓아온 모든 것을 담은 포트폴리오로 프레젠테이션을 했다. 그리고 다음 날, 면접을 본 회사의 인사 담당자로부터 전화를 받았다. "바로 일을 시작하세요." 유럽에서 유명한 프랑스 소프트웨어 회사에서 일한 내 경력이 한몫했을 것이다.

2007년 1월, 드디어 독일 금융 IT 회사 입사! 독일에 도착해서 며칠 후 면접을 본 첫 회사에 바로 취업이 된 것이다. 내 취업 비자는 인사부에서 모두 알아서 처리해주었다. 비자 신청에 필요한 서류는 채용 계약서, 건강 보험, 독일어 학습 증명서(그때 없어서 통과), 외국인 채용 이유 관련 서류가 전부였다. 그리고 딱 일주일 후, 회사 인사부 직원이 나에게 전화를 했다. "취업 비자 나왔습니다!" 그 순간 독일 대사관 직원의 말이 떠올랐다. "현지에 가서 직장을 구하고 취업 비자를 받는다고요? 100% 불가능합니다."

2.
회사는 나의 가장 특별한 어학원

프랑크푸르트에 있는 금융 관련 IT회사에서 일하던 어느 날, 나에게 예상치 못한 기회가 찾아왔다. 내가 예전에 서울에서 다녔던 그 프랑스 회사의 독일 슈투트가르트(Stuttgart, 한글식 표현) 지사에서 나를 부른 것이다. 익숙하지 않던 금융업계에서 벗어나 내가 잘 아는 소프트웨어 업계로 이직할 수 있게 된 것은 정말 행운이었다. 새로운 시작에 대한 기대감으로 가슴이 설렜다. 하지만 새로운 도시 슈투트가르트에서는 예상치 못한 거대한 함정이 나를 기다리고 있었다.

나의 첫 직장이었던 프랑크푸르트 회사는 독일에 본사를 둔 글로벌 기업이라 전 세계에 있는 지사 직원들과 영어로 소통하며 일을 했다. 그런데 이번에 이직한 회사는 완전히 달랐다. 이 두 번째 회사는 프랑스에 본사를 둔 독일 지사였고, 100% 독일어로 일하며 독일, 스위스, 오스트리아 시장을 책임지는 마케팅 업무였다. 문제는 그때 내 독일어 수준이었다. A, B, C, D

를 겨우 할 수 있는 정도로 정말 기초적인 수준이었다. 그럼 왜 한국에서 미리 독일어 준비를 안 했을까? 독일을 유럽의 관문으로 생각하고 있었지만, 당시에는 유럽 국가 중 최종적으로 어느 나라가 나에게 취업 비자를 안겨 줄지 전혀 알 수 없었기 때문이다. 지금도 가끔 첫 출근한 그날이 악몽처럼 내 꿈속에 나타난다. 그 느낌은 마치 수영을 전혀 못 하는데 무작정 광활한 바닷속으로 던져지는 것 같았다.

센트럴 유럽 마케팅 디렉터: (독일어로) "오늘은 온라인 마케팅으로 창출된 새로운 잠재 고객에 대해 이야기할 거예요. 승아! 중간 중간에 독일어 못 알아 들으면 물어봐, 알았지?"
나: "오케이!" (내 이름이 들리기는 했는데…)

입사 초기 내가 해야 하는 업무는 디지털 마케팅, 센트럴 유럽 국가 파트너사 마케팅 지원, 그리고 미디어 플래닝 분야였다. 그런데 문제는 이 모든 업무를 100% 독일어로 처리해야 한다는 것이었다. 스트레스가 극에 달한 탓일까? 입사하고 시작된 심한 복통은 3개월이 지나도 멈추지 않았다. 그 시절 나는 정신적으로 엄청난 공포에 휩싸여 있었다. 결국 나는 주어진 업무를 제대로 처리할 수 없었고, 매니저와 이 문제를 상의해야 했다. "오케이 승아, 그럼 독일 동료들보다 네가 영어를 잘하니까 파리에 상주하는 텔레마케팅 팀을 관리하는 리더가 돼서 일해봐." 즉, 우리 회사 소프트웨어를 판매하는 독일/스위스/오스트리아 파트너사들과 프랑스 상주 텔레마케팅 팀 사이의 다리 역할을 하라는 것이었다. 이것은 완벽한 해결책처럼 보였다. 하지만 현실은 달랐다. 프랑스 사람들인 텔레마케터 팀과는 영어로 대화할 수 있었지만, 결과물은 파트너사에게 독일어로 보고해야 했다. 결국 업무의 50%는 여전히 독일어가 필요했다. 그 당시 한 달에 한 번씩 파리 출장을 다녔는데, 스트레스 때문인지 내가 본 파리는 '사랑을 맺어주는 도시'가 아니었다. 그저 시끄럽고 지저분한 도시로만 느껴졌다.

텔레마케팅 팀의 리더 역할 이외에 상사가 나에게 준 또 다른 엄명은 업무 수행에 차질이 없도록 6개월 이내에 독일어를 마스터해 놓으라는 것이었다. 그리고 내 매니저의 추천으로 회사에서는 내가 빨리 독일어를 배울 수 있도록 독일에서 가장 유명한 독일어 어학원과 6개월 수강 계약을 맺어주었다. 이렇게 독일어 개인 과외가 오후 6시에 내 사무실에서 시작되었다. 그런데 이 과외 기간 동안 나는 이런 방문 수업이 얼마나 고가인지, 또 얼마나 감사한 일인지도 파악하지 못했다. 그래서 수업 시간에는 듣기만 해도 낯선 언어라는 생각만 하면서 선생님과 잡담이나 하며 흘려버렸다. 그것도 그럴 것이 업무 강도가 한국보다 최소 두세 배 이상 높은 독일에서 9시간 업무를 한 후에 또 공부를 한다는 것이 체력적으로 너무 무리였다. 그때 나는 매일 아침 '나는 누구? 여기는 어디?'하는 마음으로 몸을 겨우 일으켜 회사로 끌려갔다. 내가 독일어 공부에 전혀 흥미를 못 느꼈던 이유는 회사에서 자괴감이 느껴지는 에피소드들이 연속해서 벌어졌기 때문이다.

그중에서도 가장 기억에 남는 것은 하노버 박람회 때 생긴 일이었다. 독일은 박람회가 세계에서 가장 발달한 나라다. 무엇보다도 하노버 박람회는 많은 업계가 전략적으로 활용하는 중요한 마케팅 전술이었다. 우리 회사도 매년 어마어마한 규모의 부스를 임대해 이 행사에 참여했다. 따라서 전략 기획 마케팅 팀에 속한 나도 이 행사 때는 이벤트 팀을 도와야 했다. 그런데 내 '첫 하노버 박람회'는 이렇게 시작되었다.

회사 동료: (전화로) "우리 전시회 부스에 쓸 거니까 우유를 팔레트(Palette)에 담아 사다줄 수 있어요?"

나: "뭐? 팔레트가 뭐예요?"

회사 동료: (신경질 잔뜩 내며) "거기 지금 같이 가 있는 다니엘라 바꿔 주세요!"

나: "음… 오케이."

그때 나는 팔레트(우유 등 물류 운반 시 사용되는 나무판)라는 말을 몰랐고, 또 우유를 팔레트 단위로 구입하는지는 더더욱 알지 못했다. 그래서 첫 해 하노버 박람회는 거의 도와주지 못했다. 슈퍼마켓에서 심부름 하나 못 하는 쓸모없는 인간으로 느껴져 몹시 우울했다. 하노버 박람회가 끝나고 얼마 지나지 않아, 독일어 A1 수준을 벗어나지 못하고 있던 나에게 또 다른 자괴감이 드는 에피소드가 벌어졌다. 어느 날 마케팅 디렉터가 나에게 새로운 프로젝트를 건네주었다. 이벤트 에이전시들이 보낸 제안서(Angebot)

를 비교 분석해서 가장 적합한 에이전시를 선택하고, 그 에이전시와 함께 독일, 스위스, 오스트리아 파트너를 초대하는 행사를 총괄하라는 것이었다. 지금이라면 그 자리에서 눈으로 쓱 스캔해서 마음에 드는 에이전시를 바로 골라 계약할 텐데, 그때 나는 제안서 당 스무 장 이상 되는 독일어 문서를 보고 기겁했다. 함께 점심을 먹으러 간 동료가 안색이 좋지 않은 내 모습을 보고 나에게 무슨 일이냐고 물었다. 나는 나와 죽이 잘 맞던 이 동료에게 내 속내를 털어놓았다. 그때 그 동료는 나에게 "일단 점심 먹어. 그까짓 거 우리 해결할 수 있어(Das kriegen wir hin)."라고 말했다. 사실 그 당시 나는 회사 동료들과 이야기할 때 그들 입에서 나오는 모든 새로운 단어를 그 자리에서 외워버리곤 했다. 회사를 다니며 독일어를 따로 공부할 시간이 부족했기 때문이다. 그리고 남의 말을 들을 때는 입술을 읽으면 이해가 더 쉬워서 동료들의 입술을 빤히 쳐다보는 버릇이 있었다. 그래서 나는 어느 동료 치아에 치석이 어디에 끼어 있는지까지 기억하게 되었다. 그날 우울한 나에게 "그거, 우리 해결할 수 있어(Das kriegen wir hin)!"라고 말해준 세일즈팀 동료의 치석은 아직도 생생하다. 그리고 그날 이후 "Das kriegen wir hin."은 지금도 내가 가장 좋아하는 문장이 되었다.

이렇게 입사 초기에는 심한 자괴감이 드는 순간들이 많았지만, 난처한 건 따로 있었다. 그것은 바로 점심 시간이었다. 나에겐 독일 점심식사 문화도 처음엔 정말 낯설었다. 회사 구내식당에서는 동료끼리 개인적인 이야기를 거의 나누지 않았다. 친구 사귀는 데 보통 10년 걸린다는 바덴뷔르템베르크

(Baden-Württemberg, 한글식 표현)주에 사는 슈바벤 사람들의 독특한 특징도 무시할 수는 없다. 하지만 보통 독일에서는 회사에서 사적인 이야기를 하는 것을 꺼려하며, 또 사적인 것과 업무를 완벽히 구별한다. 무엇보다도 독일인은 남의 눈과 자신의 체면을 중요시한다. 만약 식사 자리에 2명이 아닌 3명이 모이면 이 자리는 벌써 '공식적'인 자리가 되며, 말을 조심해야 했다. 그래서 여러 팀원이 점심 식사를 하면서 나누는 대화는 주로 정치와 뉴스나 신문에 나온 헤드라인에 관한 것이었다. "어제 선거 결과 발표한 거 봤어?" 한 동료가 말을 꺼냈다. "봤지. 그 당은 어떻게 된 건지 환경하고 에너지 정책은 완전 배제했던데?" 다른 동료가 대답했다. "승아, 넌 독일 선거 어떻게 지켜봤니?" 세 번째 동료가 나를 향해 물었다. "엉……" 나는 침묵할 수밖에 없었다. "승아가 독일에 이제 왔는데, 어떻게 벌써 독일 정치에 대해 파악했겠냐. 승아! 요새는 일본하고 한국 관계(Verhältnis)가 이제 좀 나아졌니?" 첫 번째 동료가 다시 나에게 질문을 던졌다. "엉……" 또 다시 침묵. 나는 관계 또는 사이를 나타내는 Verhältnis라는 단어를 그날 처음 들었고, 내가 알아들은 건 일본, 한국이라는 단어뿐이었다.

이렇게 매일 점심 시간에 이어지는 뉴스 헤드라인 대화는 나에게 공포였고, 밥 먹다가 예의상 나한테 중간중간 질문이 돌아오는 것 때문에 점심 시간에는 밥이 안 넘어갔다. 대화에 참여를 못 하는 나를 배려해서 중간중간 나를 대화에 끼워주려고 노력하는 동료들의 마음을 알겠지만, 그 당시에는 나 좀 내버려 두라는 생각만 들었다. 지금이라면 "모든 정당이 난민 정책에 너무 초점을 두니까, 정작 중요한 경제나 에너지 정책이 좀 소홀해진 것 같아. 경제가 빨리 회복되어 독일이 어떻게 다시 유럽의 리더 국가가 될 것인가를 고민해보면 좋을 것 같아."라고 할 수 있을 텐데, 그때 나는 독일에 온 지 얼마 되지 않았고, 독일 뉴스 시청은 아직 꿈도 꿀 수 없는 실정이었다.

이렇게 독일에서의 두 번째 회사의 입사 초기 시절은 나에게 매일매일이 생존 게임이었다. 다행히 내 마케팅 디렉터 미샤엘(Michael)은 예전에 HP 글로벌 마케팅 업무를 할 당시, 일본에 자주 다니며 아시아의 팬이 된 사람이었다. 이 분은 "웃으며 열심히 하다 보면 언젠가 해가 몹시 밝은 날이 온다."라며 많은 힘이 되어 주었다. 나를 더 챙겨준 이유는 '한국에서 온 용감한 직원'이라며 나를 기억하고 있던 파리 본사 글로벌 마케팅 부사장의 추천도 작용한 것 같았다. 어쨌든 미샤엘의 응원은 어려운 새 직장 생활에 큰 힘이 되었다. 이 힘으로 나는 그의 기대에 실망시키지 않기 위해 독일어 읽기, 쓰기, 말하기, 듣기를 모두 최대한 빨리 익힐 수 있도록 하루 24시간을 전투 모드로 시스템화하기 시작했다. 사실 나에게는 선택의 여지가 없었다. 살아남거나 아니면 죽거나. 그리고 힘들 때마다 나에게 최면을 걸었다. '회사는 나에게 돈을 오히려 주면서 독일어를 가르쳐주는 특급 어학원이다! 그리고 이 어려운 과정만 끝나면 영어와 독일어까지 하는 나의 몸값은 엄청 올라가 있을 거야!'라는 달콤한 상상까지 덤으로 했다.

그리고 회사에서 가장 필요한 말하기부터 먼저 공부하기 시작했다.

01. 말하기: 준비-연습-실전-분석 루틴

나는 회화를 향상시키기 위해 여러 연습법을 시도해 보고 가장 효과적인 방법을 찾아냈다. 나는 이걸 '할 말 키워드 준비 → 연습 → 실전 → 분석' 루틴이라 부른다. 무엇보다 회사 업무할 때 이 루틴을 가장 자주 활용했다.

그리고 나와 함께 일한 마케팅 에이전시들은 이 루틴을 실행하는 데 있어 나에게 소중한 독일어 선생님들이 되어 주었다. 업무 초기에 신제품 런칭을 앞두고 연간 미디어 플래닝을 리뷰하는 미팅이 있었다. 에이전시가 보내온 플래닝을 검토해보니 몇 가지 수정이 필요했다. 성과가 좋지 않았던 미디어는 빼고 다른 걸로 바꿔야 했고, 캠페인 기간과 예산도 조정해야 했다. 그래서 통화 전에 할 말을 키워드로 빠르게 정리하고, 꼭 전달해야 하는 내용을 소리 내어 연습했다. 실제 전화에서는 상대방 말을 못 알아들으면 이해할 때까지 계속 물어봤다. 전화가 끝나고 나면 나는 어떻게 해야 다음에 독일어로 말을 더 잘할 수 있는지를 분석 했는데, 이 과정이 내 회화 향상에 가장 중요한 요소였다. 그 이유는 실제 대화는 준비한 것과는 언제나 다르게 흘러가기 때문이다. 그래서 대화가 끝나면 잠시 차분히 되돌아보고 '이건 잘했고, 이건 다음에 이렇게 준비하면 더 낫겠구나.'라는 판단이 섰다. 이런 사후 분석 과정이 쌓이면서 느꼈던 것은 달라진 나의 대화 준비 방법이었다. 즉, 분석을 하면서 독일 사람들의 대화 패턴을 알게 되었고, 그 패턴에 맞게 내 대화 준비 과정을 수정해가는 것이었다. 이메일도 마찬가지였다.

에이전시가 보낸 이메일 중에서 모르는 표현이 나오면 바로 전화를 걸어 물어봤다. 그때는 미리 약속하지 않은 갑작스러운 전화가 에이전시라도 예의에 어긋난다는 걸 몰랐다. 한 번은 나와 일하는 에이전시 직원 1명이 내 동료에게 나와의 커뮤니케이션이 나의 독일어 실력 때문에 원활하지 못하다라고 말하는 것을 우연히 엿들은 적이 있다. 이러한 순간들은 몹시 절망적이었다. 하지만 최대한 빨리 독일어를 습득해야만 했던 그때 나에게는 우울해할 시간적 여유도 없었다. 그나마 운 좋게도 마케팅이라는 게 큰 예산이 움직이는 일이었다. 갑의 위치에 있던 우리 회사 덕분에 에이전시는 참을성 있게 나에게 독일어를 가르쳐줄 수밖에 없었다. 지금 생각해보면 정말 고마운 일이었다.

회사에 가지 않는 주말에는 이 '준비 → 연습 → 실전 → 분석' 루틴을 이렇게 적용했다. 예를 들어 미용실에 갈 일이 생기면 "요새 머리가 너무 푸석푸석하고 지저분해요. 깔끔하게 매직 파마 하고 싶어요." 같은 표현들을 미리 인터넷으로 찾아보고 할 말을 정리해 두었다. 그리고 미용실에 가기 전에 미리 여러 번 말해 보고 미용실에서 열심히 말을 했다. 나중에 집에 와서 '아, 이런 표현도 쓸 수 있었는데 놓쳤네.' 하며 아쉬웠던 부분들을 찾아서 반드시 외워 두었다. 미용실뿐만이 아니었다. 이 루틴은 병원, 약국, 은행을 갔을 때도 마찬가지로 적용했다. 유럽에서 '서비스의 사막'이라는 별명이 붙은 독일에서 현지인과 회화를 연습하기 위해서는 전략적 접근이 필요했다.

약국에서 줄 서 있다가 내 차례가 와서 예전에 불친절했던 약사한테 걸리면 한 성격 하는 나는 "다른 약사가 더 친절해요. 그분을 기다릴게요."라며 꼭 친절한 약사를 기다려 이야기했다. 한 번이라도 더 스몰토크를 하기 위해서 말이다. 그런데 사실 나에게 이것보다 훨씬 중요한 독일 생존 전략은 따로 있다. 독일도 한국과 똑같이 일단 인사만 잘해도 먹고 들어가는 사회이다. 그래서 어느 가게에 가든지 '눈웃음 + hallo'를 하면 좋은 대우와 한 번이라도 더 같이 대화할 기회를 얻었다. 다시 말해 한국에서처럼 머리를 숙여 "안녕하세요!" 하지 않을 뿐, 독일에서도 '눈웃음+hallo' 이 매직 패키지만 잘해도 좋은 대우를 받게 된다. 역시 사람 사는 데는 다 똑같다. 이렇게 나는 동네에 친절한 약사, 하우스 닥터, 세무사, 치과 의사와 친분을 맺고 많은 이야기를 나눴다. 한국이든 독일이든 불친절한 사람에게 알레르기 반응이 있어서이기도 하지만, 마음이 편해야 회화 연습이 잘되기 때문이다. 이렇게 나와 만나는 모든 사람은 나의 독일어 선생님이 되었다. 그리고 깨달은 것은 준비를 많이 할수록 할 말이 많아지고, 상대방과 더 오래 대화할 수 있다는 것이었다.

독일어 마스터 팁: 회화 향상을 돕는 4단계 루틴

단계		핵심 전략
준비	핵심 키워드나 문장 준비	+ 예: Social Media Performance, schlecht, Bericht für mein Chef, KPIs der jeweiligen Medien
연습	준비한 문장을 소리 내어 반복해서 익숙하게 만들기	+ Die Leistung der einzelnen Social-Media-Kanäle war unzureichend. Für meinen Chef benötige ich einen Bericht von Ihnen mit den KPIs der jeweiligen Plattformen.
실전	전화, 미팅, 이메일 등	+ 천천히 내 의사 전달
분석	독일인 대화 패턴과 나의 개선 사항 분석	+ 독일에서는 전화 및 이메일 상 스몰토크를 생략하고 바로 핵심을 말하는 것이 예의 + 초보일수록 말을 길게 하기보다 무엇(What), 왜(Why), 언제까지(When) 등 핵심 정보만 간결하게 전달 + 통화 마무리는 반드시 서로 이해가 잘 되었는지 확인
추가 내용	일상생활에 적용(슈퍼마켓, 약국, 병원 등)	+ 대화는 눈웃음 + Hallo로 자연스럽게 시작 + 배우는 단계에서 상대방의 주도를 유도(듣기 위주)

02. 듣기 연습: 회의 시간은 고급 비즈니스 독일어 습득 기회

독일에서는 미팅이 주로 전화로 이루어진다. 독일의 특성상 사무실이 여러 도시에 흩어져 있고, 이미 홈오피스가 오래전부터 활성화되어 있다. 그리고 여기에 독일어권 스위스, 오스트리아 동료들도 함께 초대되어야 하기 때문이다. 나는 이 전화 미팅을 독일어 공부에 미친 듯이 활용했다. 모든 전화상의 회의에서 나오는 대화를 전치사 하나도 빠뜨리지 않고 손으로 노트에 빼곡히 받아 적었다. 나중에 비즈니스 독일어 단어나 고급 문장들을 반드시 외우기 위해서였다. 내가 손으로 썼던 이유는 컴퓨터로 타이핑해서는 동료들이 말하는 속도를 절대 따라갈 수 없었기 때문이다. 회의에는 주로 엔지니어, 세일즈, 마케팅, 컨설팅 부서 사람들이 참석했는데, 이때 쏟아지는 최상급 비즈니스 독일어의 양은 정말 어마어마했다. 그만큼 반드시 외워둬야 할 황금 같은 표현들이 많았다.

이 방법을 쓰다 보니, 중/고등학교 시절 자주 했던 영어 받아쓰기 시험이 자연스럽게 떠올랐다. 이 시험 경험이, 독일에서 나에게 효자손이 되어 주었다. 근무 시간 이외에 듣기를 향상시키기 위해 나는 자투리 시간을 기가 막히게 활용했다. 아침 출근 준비 시간과 퇴근 시간, 또는 집안일을 할 때 이어폰을 끼고 공부할 수 있는 시간은 하루 대략 서너 시간이었다. 나는 이 시간에 나에게 맞는 방송을 골라 엄청난 양의 팟캐스트를 들었다. 주로 들었던 팟캐스트는 아침에는 독일 경제 및 독일 주요 회사 동향을 이야기 해 주는 〈Wirtschaft - Deutsche Welle〉, 집에 와서 쉴 때는 실제 범죄 사건을 이야기해 주는 〈Aktenzeichen XY〉였다. 이 방송은 지금도 내가 너무나 즐겨 듣는 방송이다. 주말에는 ZDF TV 방송을 아예 삼켜 버렸다. 다시 보기로 ZDF에서 제작하는 코믹 프로파일러, 범죄, 미스테리 관련한 방송은 보지 않은 에피소드가 없을 정도이다.

나중에 독일어 실력이 늘면서 자주 들었던 팟캐스트로는 〈Zeit Online - Was Jetzt〉와 독일 남부 방송인 〈SWR Aktuell〉가 있다. 〈Was Jetzt〉는 에피소드마다 길지 않고 핵심만 짚어주기 때문에, 바쁜 일상 속에서도 빠르게 독일 경제 및 정치, 외교 흐름을 파악할 수 있다는 장점이 있다. 비슷한 성격의 방송 〈SWR Aktuell〉은 똑같은 방송 내용을 24시간 동안 계속 반복해서 들려준다. 그래서 몇 시간 듣다 보면 문장 구조와 표현을 거의 외울 정도가 된다. 지금은 독일 뉴스 스타일에 익숙해졌지만 독일에 처음 왔을 때, 나는 '왜 독일에서는 독일 관련 사건 사고 뉴스를 방송 안 하고 죄다 남의 나라 이야기만 하지? 이 나라는 규칙을 잘 지키느라 사건 사고가 아예 안 일어나는 건가?'라고 궁금해 했다. 독일 메인 뉴스는 한국 뉴스와 달리 외교와 국제 정치, 독일 경제와 자국 정치 이슈에 집중되어 있다. 한국의 주요 뉴스에서 전하는 범죄·사건·사고 관련 보도나 자극적인 사건들(묻지마 사건, 가족 반전 사건, 살인 사건 관련 등), 소위 '우리끼리' 지지고 볶는 일들은 독일 메인 뉴스에서 다뤄지지 않는다. 독일의 이런 뉴스 환경을 접하다 보면, 독일 기업들이 전 세계에서 비즈니스를 활발히 펼치는 이유를 자연스럽게 떠올리게 된다. 실제로 동유럽을 여행하다 보면 '나 지금 독일에 있나?' 할 정도로 독일 기업들이 곳곳에 진출해 있는 모습을 쉽게 볼 수 있는데, 이는 결코 우연이 아니라는 생각이 든다. 그리고 왜 독일 사람들이 국제 정세를 잘 파악하면서 '엄친아'라는 소리를 듣는지 알게 되었다. 결과적으로 나는 독일식 뉴스를 접하며 듣기 실력도 늘리고 자연스럽게 독일 경제와 정치, 그리고 외교 흐름을 이해하게 되었다.

독일어 마스터 팁: 듣기 향상

항목	핵심 전략
전화 및 회의 적극 활용	+ 전화/회의 내용을 모두 받아 적어서, 고급 비즈니스 표현을 내것으로 만들기 + 전화/미팅 내용은 최상급 비즈니스 독일어 습득 교재 + 학창 시절 영어 문장 받아 쓰기 경험을 100% 활용
관심 분야 청취	+ 휴식 시간에는 취미와 관련된 오디오 북과 팟캐스트 청취 + 출퇴근 시간 및 주말에 오디오 콘텐츠 및 TV 집중 섭렵
추천 프로그램	+ 독일 ARD/ZDF 등 TV 방송, Wirtschaft (DW), Was Jetzt (Zeit Online), SWR Aktuell 등 팟캐스트
부가 효과	+ 쉬운 시사 방송은 듣기 향상과 함께 국제 정세와 경제 흐름을 이해하는 계기

03. 단어 공부: 똑똑한 사람들 따라 하기

중/고등학교 때 영어 3,000 또는 4,000개 단어장 책을 사서 외운적이 있다. 하지만 이 책을 죽어라 외운 후에도 나는 그 당시 영어를 한마디도 못했다. 독일에서도 몇몇 학생들 사이에서 이미지 2와 비슷한 독일어 단어 정리 화일을 교환하며 공부하는 것을 본 적이 있다. 이걸 보니 효과 없던 내 학창 시절의 3,000개 영어 단어장이 생각났다. 최대한 빨리 단어를 외워야 했던 내가 회사를 다니며 활용했던 독일어 단어 외우기 방법은 '명사 + 전치사구' 조합을 함께 외우는 것이었다. 단어만 독립적으로 외워두면 어떤 상황에 쓰이는지 절대 알 수 없고, 외운 단어를 현지인과 대화를 할 때 써먹지 못하기 때문이다.

der	Abbau	채굴, 철거
	abbauen	채굴하다, 철거하다
die	Abbildung	삽화
die	Abbitte	사죄
	abbrechen	꺾다, 갑자기 중단하다
der	Abbruch	해체, 철거
	abdanken	해고하다
	abdecken	뚜껑을 벗기다
	abdrehen	꼭지를 돌려 잠그다
der	Abdruck	인쇄, 인쇄물

이미지 2 – 문맥 없이 정리된 독일어 단어장 예시

예를 들어 이미지 2 표에 적힌 대로, 단어 Abbau를 채굴/철거로 외우거나 abbauen을 채굴/철거하다라고 배우면, 일상 회화에 아주 자주 등장하는 이 단어들을 전혀 활용할 수가 없다.

→ Der Abbau von Arbeitsplätzen ist in vielen Unternehmen ein großes Thema.
많은 기업에서 일자리를 감원하는 것은 큰 이슈가 되고 있다.

→ Der Abbau von Stress ist wichtig für die Gesundheit.
스트레스를 줄이는 것은 건강에 중요하다.

    그래서 나의 경우 철거(Abbau)로만 외우지 않고, 감원(Abbau)의 뜻으로 쓰이는 일자리 감원(der Abbau von Arbeitsplätzen)이라고 습득을 하거나, 또 줄이기(Abbau) 뜻도 포함하기 때문에 스트레스 줄이기(der Abbau von Stress)라고 통째로 외웠다. 그리고 언어의 귀재들은 어떻게 단어를 외우는가를 조사해 보니 그들은 이런 방법을 쓰고 있다는 것을 알았다.

→ 단어를 찾을 때 영/영 사전으로 찾고 거기에 나온 단어 설명을 모두 외운다. (예: scrutinize: to examine something very carefully in order to discover information) 이것은 한국 출신의 한 의사가 쓴 방법으로 단어의 뜻을 영영사전에서 찾아 단어 설명 전체를 외우다 보니, 미국 사람보다 영어를 잘하는 사람이 되었다고 소개한 바 있다.

→ 신문, 잡지, 책을 고를 때 대충 훑어보고 내가 아는 단어가 40~50% 이상인 것을 선택한다.

→ 모르는 단어가 나와도 절대 사전 찾지 말고 문맥 전체를 보고, 상상하고 단어의 의미를 추측한다.

그래서 나도 책을 읽을 때 '문맥 따져서 상상하며 읽어보기'를 시행하고 있다. 그리고 이것을 실천하며 배운 첫단어 ein-stellen(분리 동사)의 뜻을 절대 잊어 버리지 않는다. 원래 이 단어는 내가 아주 좋아하는 단어였다. 왜냐면 '새 직원을 고용하다'라는 긍정적 의미도 있고, '핸드폰 기기 등을 설정하다'라는 뜻으로 거의 매일 사용되는 단어이기 때문이다. 그런데 아래 기사를 읽고 나는 당황했다.

> **번역문**
>
> 독일의 아마존격 온라인 유통업체인 Otto(오토)가 약 480명의 콜센터 직원들을 해고한다. 따라서 오토는 오는 8월 31일부로 고객 서비스 센터 13곳 중 8곳을 폐쇄할 계획이다. **이런 상황 때문에** 본 회사는 Alzenau(알체나우), Bad Salzuflen(바트 잘츠플랜), Bochum(보훔), Niederzier(니더치어), Kassel(카셀), Leipzig(라이프치히), Stuttgart(슈투트가르트), Nürnberg(뉘른베르크)의 지점을 <u>고용한다 (또는 시작한다)</u>.

> **기사원본: 출처 Handelsblatt**
>
> Der Hamburger Onlinehändler Otto entlässt rund 480 Callcenter-Mitarbeiter…Otto plant, zum 31. August acht der 13 Standorte des Kundenservices zu schließen. Das Unternehmen stellt **demnach** die Standorte Alzenau, Bad Salzuflen, Bochum, Niederzier, Kassel, Leipzig, Stuttgart, Nürnberg ein.

앞 문장이 콜센터 직원 해고 및 폐쇄인데, 맨 마지막 문장에서 여러 도시에 있는 회사의 지점을 '고용한다/시작하다'라는 긍정적인 단어가 나오는 것이 말이 되지 않았다. 그런데 그 문장 속 'demnach'(그러므로/이러한 상황 때문에)이라는 단어 때문에 해석은 '회사는 이러한 상황 때문에 슈투트가르트 등의 지점을 고용하다'가 아니라 그 반대의 의미가 되야 문맥상 말이 된다는 것을 추측할 수 있었다. 결국 여기서 stellen..ein/einstellen이 고용하다가 아닌 **'멈추다'**라는 의미로 쓰인 것을 추측할 수 있다. 나중에 알고 보니 이 단어는 '중단하다'라는 뜻으로 매일 뉴스와 신문에 나오는 중요한 단어라는 것을 알게 되었다. 이렇게 단어를 추측하며 읽기 연습을 하다 보니 정말 경제 신문, 에세이, 자기 계발서를 읽는 실력이 향상되는 게 신기했다.

사실 내가 더 좋아하는 독일어 단어 배우기 방법으로는 '맥락을 통해 배우는 것'이 있다. 이는 쉽게 말해 일상 생활에서 만나는 단어들을 모두 외워버리는 것이다. 매일 슈퍼마켓에서 사는 식료품 포장지에는 간단하면서도 유용한 표현이 가득했다. 예를 들어 Zubereitung(조리법): Packungsinhalt in heißes Wasser geben(포장 내용물을 뜨거운 물에 넣으세요) → Gut umrühren(잘 저으세요) → 5 Minuten köcheln lassen(5분간 끓이세요) 등이 그것이다. 길거리 광고 전단지, 포스터도 모두 눈으로 스캔을 하여 입으로 삼켰다. '제품이 남아 있을 때까지만 팔아요(Nur solange der Vorrat reicht)!' 나는 그 당시 이 광고를 보고 der Vorrat(비축 상품)이라는 단어를 배웠다. 이것뿐만 아니었다. 나는 포스터나 광고 전단지를 보면 큰 소리로 따라 읽었다. 그러면 나랑 같이 다니는 친구들은 "사람들이 쳐다봐."라고 부끄러워했지만, 그 당시 항상 회화 기회를 엿보는 하이에나처럼 행동했다. 그만큼 나에게 독일어는 처참할 만큼 절박했다.

독일어 마스터 팁: 단어 습득 향상

항목	핵심 전략
연관 학습	+ 명사 + 전치사구 조합을 통째로 외우기 + 예: 일자리 감축(der Abbau von Arbeitsplätzen)
언어 천재들의 방법	+ 영영사전 설명 전체 문구 외우기 + 사전 찾기 금지, 앞뒤 문맥으로 뜻을 추측하는 훈련
일상 생활 활용	+ 식료품 포장지, 전단지, 간판, 병원 안내문 등 실생활에서 접한 독일어 표현을 곧바로 학습 소재로 활용

04. 쓰기: 독일어가 제일 빨리 향상되는 마법

나의 독일어 작문 실력은 아무리 노력을 해도 절대 늘지 않는 영역이었다. 한번은 독일 파트너사에게 "귀사가 새로운 고객을 더 창출할수록 우리 회사에서는 추가 마케팅 예산을 제공해 줄 것이다."라는 이메일을 보낸 적이 있다. 그런데 그 파트너사가 "그럼 신규 고객 많이 못 데려오면 마케팅 비용 지원을 안 해주겠다는 거냐?"라고 우리 회사 지사장에게 컴플레인을 건 사건이 발생했다. 그 이후 나에게는 외부 이메일 전송 금지라는 명령이 떨어졌다. 시간이 지나 내가 다시 이메일을 보낼 수 있게 되었을 때 나는 외부 이메일을 보내기 전에 편한 동료에게 "한번만 봐줘!"라고 부탁을 해야 했다. 그런데 독일은 업무 시간 8~9시간은 피가 빨리는 정도로 상당히 업무 강도가 높다. 1년에 두 달 이상이 휴가이니, 더 시간에 쫓기는 듯했다. 그래서 다른 동료의 시간을 방해하기가 어렵다. 그 시절 챗GPT가 있었다면 내 인생은 얼마나 달라졌을까? 어쨌든 나는 다른 방법을 찾아야 했다. 하루에 내가 받는 100개 이상 독일어 이메일을 카테고리별로 정리했다. 예를 들어 마케팅 캠페인 관련, 요청 문구 관련, 업계 트렌드 관련 등의 내용을 이메일 안에 몇 가지 폴더를 만들어 정리해 두었다. 그리고 이 관련 내용들이 필요할 때마다 내가 카테고리별로 정리해 놓은 이 Outlook 이메일 폴더에 들어가 관련 문구를 찾아 쓰곤 했다. 그리고 주말에 쓰기 연습을 하기 위해 우리나라 웹사이트 당근과 비슷한 이베이 클라인 안차이근(eBay Kleinanzeigen)이라는 웹사이트에서 아르바이트 생을 구했다. 이 친구에게 비용을 지불하며 작문 연습을 하였다. 이렇게 시간이 허락될 때마다 열심히 작문 연습을 하는데도 이상하게 쓰기 실력은 눈에 띄게 향상되지는 않았다. 그러다가 독일 직장생활 10년 후에 시작한 대학원 공부를 통해 나의 작문 실력은 크게 향상되었다. 내가 공부한 이공계 대학원은 테크놀로지 & 이노베이션 경영학 과정이었다. 내 주변 독일인과 외국인 친구들은 모두 영어로 수업이 진행되는 MBA 과정이나 온라인 대학원을 선택했다. 그런데 나는 독일에서 공부해 본 적이 없다는 콤플렉스를 없애고 독일어에 대한 갈증을 해결하기 위해 일부러 100% 오프라인 독일어 과정 대학원을 선택했다. 수업은 목요일, 금요일 저녁 시간과 토요일에는 하루 종일 캠퍼스에 가서 수업을 듣는 직업을 병행한 커리큘럼이었다. 내가 선택한 이 대학원 과정은 내 예상보다 훨씬 더 힘들고 치열한 도전이었다. 거의

3년에 걸친 이 과정에서 나는 필기 시험만 여덟 번, 프레젠테이션 작성과 발표 일곱 번, 에세이 다섯 편, 연구 계획서(Exposé) 한 개, 그리고 논문 한 개까지, 총 스무 개의 시험과 과제를 해내야 했다. 이렇게 뼈를 깎는 대학원 생활을 거치며 내가 얻은 것은 2가지다.

첫째, 대학원 에세이 과제를 할 때는 발표된 논문을 베끼지 않고, 그 내용을 내가 이해한 다음 다시 해석을 해서 서술한다. 그렇지 않으면 표절로 간주되기 때문이다. 이 과정에서 자연스럽게 Paraphrasierung, Umformulierung, 즉, 의미를 바꿔 다시 쓰는 연습을 하게 된다.

> Warum die große IT-Konzerne in KI-Startups investieren, erklärt einiges: solche Akquisition ermöglicht sowohl die Schlüssel Technologie und deren Kunden zu gewinnen als auch die qualifizierten Talente zu erobern[3].
>
> **Warum die großen IT-Konzerne in KI-Startups investieren, erklärt sich dadurch, dass eine derartige Akquisition sowohl die Schlüsseltechnologie und deren Kunden als auch qualifizierte und hochmotivierte Talente für sich und das eigene Unternehmen gewinnt[3].**
>
> Auffällig ist, dass dieser Trend bei der Pharma Branche auch zunehmend ist. Roche hat KI-Startup Firma, Flatiron gekauft[5] und die namehafte Pharmaunternehmen kooperieren mit der KI-Firme zur „drug discovery" wie z B Merck mit Iktos, Novartis mit Microsoft, Sanofi mit Google[6].
>
> **Auffällig ist, dass dieser Trend in der Pharma-Branche ebenfalls zunimmt. Beispielsweise hat der Konzern Roche-Pharma die KI-Startup-Firma Flatiron aufgekauft[5]. Auch andere namhafte Pharmaunternehmen kooperieren zur „drug discovery", hierunter zählen unter anderem die Konzerne Merck, der mit der KI von Iktos, Novartis, der mit der KI von Microsoft oder auch Sanofi, der mit der KI von Google[6] zusammenarbeiten, um neue Technologien zu entwickeln und neuartige, digitale, intelligente Wege zu beschreiten.**

이미지 3 – 논문 내용을 나의 언어로 다시 서술하는 과정을 배우는 단계

이를 위해 나는 먼저 에세이를 작성하고 첨삭을 도와주는 대학원생 친구에게 내 과제를 수정받았다(이미지 3의 굵은 글씨). 그리고 난 후 나는 그 내용을 나만의 스타일로 계속해서 다시 수정했다. 이런 과정을 여러 번 거치다 보니, 내 어색한 독일어가 어떻게 학술적인 언어로 바뀌는지 감을 잡게 됐다. 그러면서 예전에 너무 천천히 향상되던 내 독일어 실력이 대학원 과정을 거치며 엄청나게 향상된 것을 경험했다. 그것도 듣기, 말하기, 읽기, 쓰기 4가지 영역 전부에서 말이다. 듣기 영역의 경우, 의미 바꿔 쓰기 연습을 하면서 다양한 방식으로 같은 의미를 표현하는 법을 익히게 되어, 독일어 원어민이 말할 때 다양하게 표현해도 그 의미를 빠르게 파악할 수 있게 되었다. 말하기에서도 다양한 단어를 사용하면서 내 생각을 좀 더 유연하게 표현할 수 있게 되었다.

읽기는 논문을 읽고 빠르게 핵심을 파악해서 내용을 요약하고, 그 내용을 내 말로 계속 바꿔 표현하는 과정에서 빠른 문맥 파악을 배우게 된다. 그래서 독해력이 향상되는 것은 당연한 결과였다. 같은 내용을 다양한 문장 구조와 어휘로 바꿔 쓰는 연습을 통해 표현력이 풍부해지고, 논리적이고 설득력 있는 글쓰기 능력을 기를 수 있었다.

둘째, 대학원 생활에서 만난 혁신적인 발견은 바로 텍스트 전환 녹음기다. 강의를 들을 때 텍스트 전환 녹음기를 사용하여 수업 내용을 완벽하게 기록할 수 있었다. 일단 강의 내용을 녹음해서, 이 녹음기를 내 노트북에 연결만 하면 녹음된 내용은 모두 텍스트로 변경이 가능했다. 그래서 시험을 준비할 때 교수님의 강의, 시험 범위, 핵심 키워드 같은 중요한 정보를 텍스트 상에서 필요한 부분만 쉽게 찾아볼 수 있었다. 이렇게 하면 공부 시간 절약과 생산성 향상 면에서도 탁월했다. 또한 녹음기가 있으니 예전처럼 필기하는 데 집중하지 않아도 되어 수업에 더 집중할 수 있었다. 무엇보다도 장소와 시간에 구애받지 않는 학습이 가능해졌다. 녹음 파일과 텍스트 자료는 스마트폰이나 태블릿으로 언제든지 확인할 수 있어서, 출퇴근이나 이동 중에도 복습할 수 있었기 때문이다. 동기들 중에 유일한 외국인이었던 나에게 나중에 발견한 텍스트 전환 녹음기는 진짜 인생의 은인이라고 할 수 있다.

최종적으로, 말하기(준비-연습-실전-분석의 루틴), 듣기(회의 시간을 활용한 실전 연습), 효과적인 단어 학습법, 그리고 쓰기(회사 이메일 카테고리별 데이터베이스 구축 및 차후에는 대학원 공부)를 지속적으로 병행한 것이 성공적인 결과를 이끌어냈다. 이렇게 24시간을 학습 모드로 체계화한 결과, 나는 직속 상사에게서 받은 미션대로 입사 6개월 내에 업무에 차질 없을 정도의 비즈니스 독일어를 완전히 습득할 수 있었다.

그 결과 나는 회사에서 6개월 수습 기간을 무사히 넘기고 무기한 채용 계약서도 받았다. 그리고 한 번도 신청한 적 없는 블루카드(독일에서 발급해 주는 가장 높은 등급의 취업 비자)와 영주권을 자동적으로 부여 받았다.

독일어 마스터 팁: 작문과 독해의 초고속 향상

항목	핵심 전략
독일어 향상의 비밀!	+ 독일어 실력 향상의 핵심은 쓰기 연습! + 같은 내용을 다양한 방식으로 표현해 보는 훈련이 모든 영역 향상의 열쇠
	+ 같은 내용을 다양한 표현으로 다시 써보기 예: 넌 왜 그 당시 그런 선택을 했던 거야? 그 시절의 넌 참 이해하기 힘들었어, 네가 그 무렵, 왜 그랬는지 지금도 잘 모르겠어. + 한 단어를 다른 유사 단어를 사용하여 바꿔 보는 훈련
쓰기 연습을 통한 네 개 영역 동시에 향상	+ 듣기: 다양한 표현 방식에 익숙해져 원어민 말이 더 잘 들림 + 말하기: 내 생각을 더 유연하고 정확하게 표현 가능 + 읽기: 쓰기 연습 후엔 남이 쓴 글 읽기는 '누워서 떡 먹기' + 쓰기: 어휘력·문장 구조가 확장되며 설득력 있는 글 작성
혁신 도구	+ 텍스트 전환 녹음기를 활용해 강의나 회의 내용을 자동 기록 → 나만의 글쓰기 자료로 재활용, 복습까지 가능 + 업무 시 받은 독일어 이메일을 카테고리별로 정리해두고, 템플릿화하여 나만의 독일어 표현 데이터 베이스 구축

3.
초라한 자취방에서
꿈의 단독 주택까지

　독일어 정복의 입장에서 보면 나처럼 한국에서 직장생활을 하다가 독일어 a, b, c도 모르면서 '현지에 바로 취업'하는 것은 사실 절대 추천할 만한 여정이 아니다. '좀 더 어렸을 때 독일에 와서 대학부터 시작했으면 독일어 공부 과정을 즐길 수 있었을 텐데.' 하는 아쉬움이 있는 것이 사실이다. 그래도 쉬지 않고 일을 했던 나는 적어도 금전적으로는 원하는 목표에 달성했다. 20대에 내 꿈은 40살까지 10억 이상을 모으는 것이었고, 나는 그것을 이루어냈다. 결코 자랑을 하려는 것이 아니다. 단지 월급에서 45% 이상이 빠지는 독일에서 살면서 어떻게 이것이 가능했느냐를 이야기하고 싶은 것이다. 나는 독일에 온 지 얼마 되지 않아 한국에서 모아둔 돈으로 카페가 많은 슈투트가르트 시내에 투자 아파트를 사서 월세를 받고 있다. 그리고 한국에도 조그만 땅을 사두었다. 현재는 슈투트가르트 시내 중앙에서 15분 떨어진 곳에 위치한 단독 주택에서 세 식구가 살고 있다. 하지만 이 모든 것이 처음부터 순탄했던 건 아니다. 내가 처음 살던 아파트는 햇빛이 전혀 들지 않고 부엌과 화장실엔 창문도 없었으며, 침대와 소파만 덩그러니 놓인 그런 곳이었다. 매일 아침 우울증이 찾아올 것 같은 어둠 속에서 하루를 시작해야 했다.

그런데 지금은 완전히 다른 세상에 살고 있다. 지금 내가 사는 단독 주택에는 내 키보다 살짝 작은 큰 유리창 너머로 옆집의 정원을 바라보며 요리를 한다. 침실과 거실은 각각 네 개와 두 개이며, 월풀이 갖춰진 욕실 두 개에는 모두 샤워장과 욕조가 놓여 있다. 이뿐만이 아니다. 내가 가장 좋아하는 공간인 유리 온실은 실내 정원으로 쓰고 있고, 발코니 두 개에서는 아주 예쁜 정원을 내다보며 커피를 마신다. 사실 이 하우스의 가격은 상상을 초월한다. 그런데 내가 여기까지 올 수 있었던 것에는 비밀이 숨겨져 있다.

이미지 4 – 우리의 보금자리

솔직히 말하면 사회적 시장 경제[1] 구조를 가진 독일에서 큰돈을 모으려면, 현실적으로 한국보다 훨씬 더 허리띠를 많이 졸라매야 한다. 한국에서 만난 유럽 친구들이 10~20년 된 구멍난 스웨터를 너무 당연하게 입고 다니는 이유를 나는 나중에 독일에 살면서 알게 되었다. OECD 국가 중에서도 독일은 '세금과 사회 보험료를 가장 많이 내는 나라' 상위권에 당당히 이름을 올린다(이미지 5와 PART 3 참조).

---

1 사회적 시장 경제(Soziale Marktwirtschaft): 자유 시장 경제(자본주의)와 사회 복지를 결합한 독일식 경제 모델로, 2차 세계대전 이후 독일 경제 부흥의 핵심 원칙. 국가가 사회적 형평성, 공정한 기회, 최소한의 인간다운 삶의 보장을 위해 내 월급에 적극 개입하는 시스템. 출처: 위키피디아

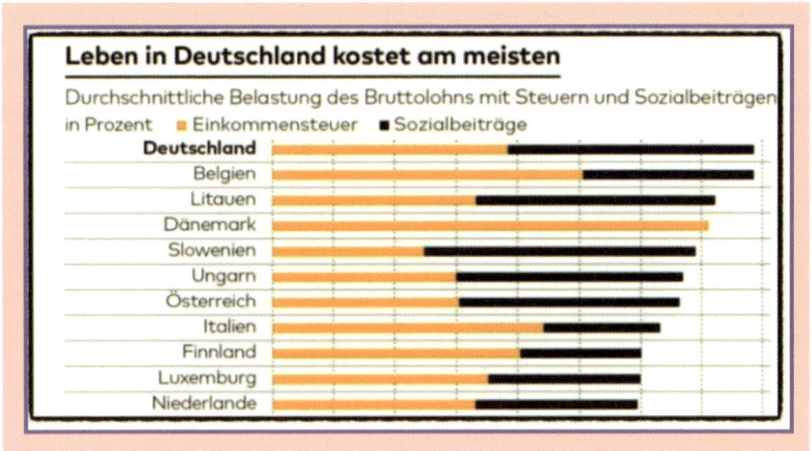

이미지 5 – 유럽 국가 중 소득세와 사회 보험료를 가장 많이 내는 독일

출처: Welt, 2020.04.30 – OECD: 독일, 세금 및 사회 보험료 부담 유럽 최고
https://www.welt.de/wirtschaft/article207627587/OECD-Bei-Steuern-und-Abgaben-ist-Deutschland-Spitzenreiter.html

　　물론 연금을 포함한 사회 보험료와 소득세를 많이 내기 때문에 은퇴 후 받는 연금이 한국보다 든든하다던지, 학비나 병원비가 무료라는 등 독일은 복지 혜택이 상당히 잘 보장이 되어있다. 하지만 월급에서 빠져 나가고 남은 나머지 50%에서 월세가 또 50%까지 나갈 수 있는 현실 앞에 직장인이 큰 돈을 모은다는 건 상상 이상으로 훨씬 어렵다. 독일의 이 특별한 경제 구조 속에서도, 내가 40대에 이미 노후 대비를 '마칠 수' 있었던 것은 몇 가지 노하우가 있다.

01. 쓰리잡으로 탄생한 부동산 투자

독일에 사는 다른 한국인들과 이야기해보면 모두 동의하는 게 하나 있다. "목돈 모으는 건 독일보다 한국이 훨씬 쉬워." 바로 우리나라만의 독특한 전세 시스템 덕분이다. 나는 20대에 서울에서 미국 회사와 프랑스계 소프트웨어 회사를 거치며 열심히 저축해서 목돈을 모았다. 그리고 퇴근 후에는 영어 번역 일까지 병행해서 매달 추가로 돈을 벌었다. 이렇게 모인 자금으로 나는 새로운 수익 모델을 만들었다. 즉, 마포에 월세 40만 원, 전세 4천만 원짜리 집을 얻어서 에어비앤비 형태로 운영한 것이다. 얻은 집은 외국인 2명에게 방을 각각 월 40만 원씩, 총 80만 원에 세를 주었다. 그 당시 매달 월급 세후 300만 원, 번역료 50~70만 원, 월세 수익 80만 원까지 해서 약 430~450만 원이 나에게 들어오는 셈이었다. 결국 나의 20대는 회사 다니고, 저녁에는 번역 일하고, 에어비앤비를 운영하며 쓰리잡을 하며 보낸 셈이다. 나중에 독일로 올 때는 서울 집의 전세금을 빼고, 그동안 저축해왔던 모든 돈을 모아서 한국에 작은 땅과 독일에 와서 집을 매입했다. 독일에서 투자 아파트를 구매할 때 가장 중요하게 고려했던 조건들이 있었다. 최대한 시내 중심에 위치하면서 싱글 직장인이 살기 좋은 발코니 두개가 있는 아파트, 여기에 교통편과 자연 환경이 좋아야 한다는 것이었다. 마침 이 조건들을 모두 만족하는 집을 찾아 냈다. 물론 독일 정착 초기였던 만큼 계약서를 읽고 공증 변호사나 은행과 소통하는 과정이 결코 쉽지 않았다. 하지만 이 과정들도 다행히 무사히 넘어갔다.

02. 적금

독일 정착 초기 3년간 나는 매달 1,500유로씩(약 230만 원, 1유로 1550원 기준) 적금을 부었다. 신입 사원 최저 월급을 받으며 생활이 빠듯했지만, 한국에서 적금을 넣던 습관을 도저히 버릴 수가 없었다. 독일어가 안 된다는 이유로 초반에 받은 월급은 정말 초라함에도 불구하고, 적금만큼은 반드시 챙겼다. 이 얘기를 들은 독일에 사는 한국 지인이 깜짝 놀랐다. "독일에서 월급쟁이가 돈 모으기는 정말 어려운데 신입 사원 월급으로 어떻게 그게 가능하냐."면서 말이다. 사실 그때 나는 정말 초라하게 살았다. 그 당시에는 차도 안 사고, 유럽 여행도 금지하고, 어둡고 볼품없는 집에서 불쌍할 정도로 지냈다. 주위 친구들이 유럽 여러 나라로 휴가를 떠나는 걸 부러워하면서도, 나는 오직 적금 통장만 바라보며 버텼다. 하지만 3년 후 모인 이 돈은 값진 결실을 맺었다. 적금한 돈은 독일 투자 아파트 구매 자금에 보태져서 또 다른 투자 자금이 되어준 것이다. 그리고 나중에 모인 돈은 Tagesgeld ETF에 돈을 넣어 두었다. 은행에 돈을 넣어두면 이자가 전혀 없으니, 이 방법으로 연간 3.5% 이상 수익을 올릴 수 있었다. 그때의 초라했던 3년이 지금의 든든한 자산 기반을 만들어준 셈이다.

03. 제로 소비

　사회적 시장 경제 구조를 가진 독일에 사는 나의 소비 패턴은 자본주의 구조의 서울 생활 시절과 완전히 다르다. 독일에서 나는 신용카드가 없고, 게다가 독일에는 신용카드의 할부 납부라는 제도 자체가 없다. 홈쇼핑도 존재는 하지만 대중화되어 있지 않다. 그 이유는 너무 간단하다. 국가가 알아서 관리해 준 남은 50% 월급으로 월세와 자동차, 식료품, 공과금, 외식비, 휴가 비용 등을 지불하고 나면 내 외모 치장을 위한 쇼핑은 우선순위에서 자연스럽게 밀려나는 것이다. 독일에 온 지 15년이 넘은 나는 얼마 전 한국에서 '명품'이라는 단어를 처음 들었다. 그런 건 독일에서 보기 힘들다. 우리 회사 마케팅 부서만 해도 20명 정도의 여자 동료가 있지만, 모두 청바지에 깔끔한 티셔츠와 자켓 정도 입고 다닌다. 유일하게 유명 브랜드를 항상 입고 들고 다니는 동료가 있었는데, 독일로 가끔 출장 오는 폴란드 동료뿐이었다. 나는 그 동료가 메던 핸드백이 '디올'이라는 브랜드라고 불린다는 것을 불과 몇 년 전에야 알았다. 더 웃긴 건, 나는 파리 출장도 매달 가고 심지어 파리에서 4개월을 실제 살았으며, 정기적으로 부의 나라 모나코에 출장도 다니는데 유명 브랜드 이름을 거의 모른다는 점이다. 독일에서는 사실 알 필요가 없다. 당연히 독일도 함부르크, 뮌헨, 프랑크푸르트처럼 큰 도시에 가면 '명품 거리'가 있고, 브랜드를 좇는 사람도 많이 있다. 하지만 다행히 전반적인 분위기가 외모나 명품 관련 소비가 전혀 중요하지 않고 그럴 수도 없다. 물론 나의 마케팅이라는 직업상 고객사와 협력 기관을 방문하고 수많은 박람회에 참여하느라 정장을 많이 구비해야 하지만, 고가가 아니고 그것도 옷장이 꽉 찬 후로는 구매가 전무하다.

나는 아이가 태어나고 정부로부터 매월 받는 자녀 수당 255유로(약 40만 원)를 거의 쓰지 않았다. 사립 어린이집을 보낼 때는 비용이 많이 들었지만, 이사 후 카톨릭 어린이집을 다니면서 육아 비용은 거의 들지 않는다. 옷과 아기 용품, 장난감 모두 중고 매장에서 구매했는데, 내가 다니던 슈투트가르트 시에서 운영하는 부모-자녀 모임 센터(MüZe, Eltern-Kind-Zentrum)의 가게에서는 아이 장난감을 포함해서 아이 관련 용품이 그야말로 껌값이다. 독일에서 중고 아이 옷은 수요보다 공급이 넘쳐나기 때문에 옷 한 벌당 대략 1,500원 정도이고, 신발도 모두 5천원 이내다. 나는 딸아이의 유모차 삼종 세트도 한 웹사이트에서 중고 제품을 15만 원에 샀다. 감사하게도 시어머니는 40년 전 남편이 태어나면서부터 쓰던 것을 '모두 그대로' 보관하고 계셨다. 그리고 우리는 수많은 장난감과 원목으로 된 말, 영유아용 유모차 등을 물려 받았다. 정말 돈으로 환산할 수 없는 소중한 추억이 담긴 값진 선물이었다. 우리 부부 모두 고소득자인데 우리가 이렇게 하는 이유는 간단하다. 내 아이 유치원에서 마주치는 독일 부모들이 다들 이렇게 하고 있기 때문이다. 한번은 동네에 있는 부모-자녀 모임에서 치과 의사라는 엄마를 만났다. 그런데 그 엄마가 아래 짐을 넣는 칸에 거미줄이 처진 낡은 유모차를 끌고 다니는 것을 보았다. "앞집 지인한테 물려받았어요."라며 태연하게 말하는 모습이 인상적이었다.

독일에서 사는 한인들도 절약하며 사는 건 마찬가지다. 오랫동안 독일에 살면서 치장하고 멋부리는 한국 사람을 한 번도 본 적이 없다. 한국에 가면 너무 아름답고 화려한 여성들을 보며 입을 다물지 못한다. 독일에서 그렇게 하기엔 경제적으로도 쉽지 않고 분위기상 어색하다.

04. 자기 계발을 통한 월급 올리기

나는 자기 계발을 통해 지속적으로 월급을 올린 케이스다. 솔직히 독일어 A1로 취업했을 때는 같은 업무를 하는 독일 동료들과 비교해서 월급이 더 낮았다. '독일어 못 하는 외국인'이라는 꼬리표가 붙어 있었기 때문이다.

하지만 나는 이 상황을 받아들이지 않았다. 독일어를 빠른 시일에 향상시키고, 중간중간 내 퍼스널 브랜드를 빛나게 했던 특별 활동을 회사 내에 즉각 알렸다. 독일 TEDx에서 강연을 하거나 독일 코트라 멘토 강연 등이 이에 속한다. 시간이 지나며 회사에서 업무를 재배정받아, 센트럴 유럽 중소기업 마케팅에서 독일/스위스/오스트리아 대기업 담당 마케팅으로 업무가 바뀌었다. 나중에는 BMW 어카운트 전담 마케팅을 4년간 총괄하게 되면서 승진과 함께 Senior Marketing Manager 타이틀을 얻게 되었다. 여기서 멈추지 않고 파트타임 대학원을 수료하고, 기회가 될 때마다 마케팅 관련 자격증(Digital Marketing, e-Commerce Specialist 등)을 취득했다. 덕분에 매년 연봉 협상 때마다 이런 자료들을 준비해서 상사와 당당하게 협상할 수 있었다.

특히 새로운 매니저 Uwe는 나의 성과를 인정해 연봉을 대폭 인상하고 승진까지 시켜주었다. 그 결과 같은 일을 하는 동료보다 더 많은 월급을 받게 되었고, 육아 휴직 전, 마케팅 매니저로서 받았던 연봉은 업계 최고 수준에 달했다. 자기 계발에 투자한 시간과 노력이 고스란히 보상으로 돌아온 셈이었다.

05. N잡러 활동

나는 육아로 바빠지기 전까지 블로그 활동을 꽤 활발하게 했다. 그동안 상당히 많은 글을 써왔고, 블로그에 올라온 내 글 덕분에 의외의 수익을 얻을 수 있었다. 먼저 내 해외 취업 관련 글이 몇몇 대학 홈페이지에 실려 인터뷰 수익을 얻기도 했고, 한 잡지에는 내 독일 생활에 관한 글이 2년 이상 연재되기도 했다. 그리고 독일 코트라 행사에서 멘토로서 강연을 하여 강연료를 받거나, 내 독일 TEDx 강연을 통해 이후에 추가 강연의 기회도 얻었다. 육아 휴직 기간은 오히려 N잡러 활동이 더욱 활발해진 시기였다. 특히 해외 취업 준비생 및 독일 직장인 대상 컨설팅과 코칭이 가장 보람 있는 일이었다. 블로그를 통해 연락 온 한 친구의 사연이 인상적이었다. 독일 남자

친구 때문에 독일에 왔지만 취업을 원하는 상황에서, 영어 근무 신입 사원 포지션과 직업 교육(Ausbildung) 사이에서 고민하고 있었다. 초기 정착 자금 때문에 상대적으로 월급이 적은 직업 교육 쪽으로는 마음이 가지 않는다고 했다. 이런 상담 사례들을 정보 공유가 허락되는 범위 안에서 익명으로 블로그에 포스팅하면서 더 많은 사람들에게 도움을 줄 수 있었고, 내 N잡러 활동의 일등공신이 되었다. 나중에는 코칭을 하는 데 전문성 부족을 느껴 코칭 자격증도 취득했다. 내가 쓴 육아 관련 블로그를 본 EBS와 KBS가 독일 우리 집까지 와서 촬영을 했고, 출연료도 받았다. 내 블로그를 보고 연락한 슈투트가르트 출장을 오는 분들에게 민박을 제공하기도 했다. 하나의 글이 어떻게 다양한 기회로 확장되는지 몸소 체험하며 꾸준한 콘텐츠 생산의 힘을 실감했다.

이미지 6 – 코트라 주최 한국/독일 취업 박람회에서의 강연 모습

그런데 뭐니 뭐니 해도 육아 휴직 기간 나의 N잡러 활동 중에 금전적으로 가장 도움이 되었던 것은 역시 부동산이었다. 독일에서는 Mietspiegel(월세 지표)이라는 임대료 시스템 때문에 집주인이 마음대로 월세를 올릴 수 없고, 독일법은 집주인보다 세입자 편이다. 세입자가 "월세가 비싸다."라며 집주인을 상대로 소송을 걸 수도 있는 나라다. 그래서 나는 전략을 바꿔야 했다. 육아 휴직의 시간적 여유를 활용해 내가 구매했던 투자 아파트를 대대적으로 리노베이션하기로 했다. 세탁기부터 욕실 가구, 샤워 부스, 침대, 소파까지 모든 것을 새로 구입했다. 30도가 넘는 여름 날씨에 직접 가구를 조립하기도 하고, 나중에는 이베이 클라인 안차이근 사이트에서 기술

자를 고용해 새로 구입한 모든 짐을 옮기고 설치하도록 했다. 또 하얀색으로 모노톤이었던 벽 색깔을 각 공간마다 다른 색깔로 칠하고 나니, 집은 완전히 새로운 모습으로 변신했다. 독일 남편이 처음에 나의 계획을 듣고 "독일에서 월세를 두 배 올리는 게 가능하다고 생각해?"라고 물었지만, 청개구리 스타일인 나는 남들이 안 된다고 하면 반드시 해내는 나의 근성을 의심치 않았다. 처음 아파트에 필요한 물품 주문부터 기술자 섭외, 세입자 모집을 위한 광고 게재까지 혼자서 모든 것을 도맡아 했다. 그리고 나서 드디어 월세를 두 배로 올릴 수 있었다. 동시에 이 아파트로 에어비앤비도 운영했다. 기존 세입자가 나가고 새 세입자가 들어오는 공백기나 리노베이션 기간에 방이 비면 하루 70~80유로, 맥주 축제 기간에는 100유로까지 받으며 방을 임대했다. 막상 해보니 에어비앤비 사업도 쉽지만은 않았지만, 시내 중심이며 지하철 접근성 덕분에 예약이 늘 꽉 찼고, 슈투트가르트의 많은 축제 기간을 이용해 상당한 수익을 올렸다. 이 모든 것이 가능했던 것은 육아 휴직 기간이라는 시간적 여유와 더불어 어린이집에 다녀와서 엄마가 가구를 조립하는 동안 순둥이처럼 잘 놀아준 딸 덕분이었다.

06. 독특한 세금 정산과 감사한 사회 복지 제도

독일에 살면서 세금 정산은 노후 대비에 있어 내가 가장 중요하게 생각하는 부분이다. 독일의 소득세가 워낙 높기 때문에, 나는 아예 나만의 '세금 정산 템플릿'을 만들어놓았다. 그 안에는 카테고리별로 어떤 영수증들을 모아둬야 하는지 구체적인 목록이 적혀 있다. 이렇게 템플릿에 적힌 관련 영수증을 꼼꼼히 모아두고 매년 세금 정산 때 최대한 많은 돈을 환급받기 위해 노력했다. 무엇보다도 내가 구입한 투자 아파트 관련한 세무 정산은 너무 복잡해서 혼자서는 엄두가 나지 않았다. 그래서 모든 것을 전문가에게 맡겼는데, 정확히는 소득세 상담 협회(Lohnsteuerhilfeverein)에 의뢰했다. 지금은 마치 가족같이 지내는 내 소득세 상담 협회 소속의 세무사는 일반 세무사(Steuerberater)보다 저렴하면서도 우리 가족을 위해 완벽한 컨설팅을 해주고 있다. 그래서 내가 싱글 직장인일 때는 매년 6,000~8,000유로(약 930만 원~1,240만 원, 1유로 1,550원 기준)를 환급받았다. 투자 아파트에 들어가는 유지 비용 때문에 더 돌려받은 셈이다. 그리고 결혼 후 육아 휴직 기간에는 우리 부부가 합쳐 무려 12,000~14,000유로(약 1,800만 원~2,100만 원)까지 환급받았다. 그리고 나는 독일 복지 혜택에 정말 감사함을 느끼고 있다. 사실 독일에서 직장 생활을 하는 내내 "독일 생활 10년 넘게 병원 한 번 안 갔는데 의료 보험료는 왜 이렇게 높냐.", "소득세는 또 왜 이 모양이냐."라며 불평만 늘어놓았다. 저축이 잘 안 되니까 불안해서 나온 소리였다. 그런데 나의 불평을 쏙 들어가게 한 계기가 있었다. 지금은 완치되었지만, 한 번은 암에 걸려 1년간 병가를 내었을 때 받았던 복지 혜택에 정말 많은 감동을 받았다. 병가 첫 6주 동안은 회사에서 기존 내 월급의 100%를 그대로 지급했고, 그 후 1년간은 의료 보험사에서 내 월급의 70%씩 매달 지불해 주었다. 육아 휴직 전 나는 고소득자에 속했는데, 일을 하지 않는 상태에서 1년 동안 매달 큰 금액의 월급을 계속 받는다는 것은 정말 엄청난 복지 혜택이었다. 덕분에 나는 그동안 모아둔 자금을 하나도 건드리지 않고 안심하고 요양할 수 있었다. 무엇보다도 이 기간에 남편에게 경제적으로 의존한 적이 없다는 건 감사한 일이다. 내가 만약 미국에서 살았더라면 어땠을까? 이런 복지 혜택은 그곳에선 상상 할 수도 없었을 것이다. 내가 받은 병가 복지 혜택과 더불어 육아 휴직 기간에는 1년간 매달 1800유로씩(약 280만 원, 1유로 1,550원) 엘턴겔트(Elterngeld 부모 수당/육아 수당)를 지원받았다.

이렇게 여러 가지 방법을 동원해서 나는 진심으로 열심히 돈을 모았다. 20, 30대를 너무 정신없이 살아서 40대에 아이를 출산한 것은 아이에게 너무 미안하지만, 요즘 나는 정말 행복한 생활을 누리고 있다. 오전, 오후 내내 햇빛이 가득 드는 꿈의 하우스에서 온전히 나만의 창작 활동을 할 때는 행복해서 머리털이 쭈뼛쭈뼛 설 때도 있다. 남편은 매년 독일에서 가장 일하고 싶은 기업으로 꼽히는 보쉬라는 회사에서 소프트 엔지니어로 일하고 있고, 주식 투자에도 달인이어서 내가 매년 투자 아파트에서 버는 돈보다 훨씬 더 많은 수익을 올리고 있다. 우리는 이렇게 해서 40대에 이미 경제적 노후 준비를 '완벽히' 마쳐 놓았다.

15년이 넘는 이 시간을 돌이켜보면 마치 끝없는 사막을 배낭 두 개 메고 혼자 걸어온 것 같다. 그리고 그 여정의 끝에서 마침내 사랑하는 남편과 소중한 아이를 만났다. 여기까지 오로지 나만의 힘으로 그 먼길을 걸었다는 것에 나 스스로에게 박수를 쳐주고 싶다.

Special Tip 1:
나에게 딱 맞는 독일 비자

표 1 – 독일 비자 유형별 주요 조건 및 필수 서류

구분	주요 조건 및 대상	준비 서류
아우스빌둥 (직업 훈련)	만 18세 이상, 직업 학교+실습 병행(2~3년)	비자 신청서, 여권, 사진, 직업 훈련 계약서, 재정 증명(월 906유로 이상), 건강 보험
학생비자	독일 대학 유학/어학 연수/교환 학생/두알 스튜디움	입학 허가서, 재정 증명(슈페어콘토), 건강 보험, 숙소 계약서, 사진, 비자 신청서
어학 연수 비자	독일어 학습(최대 1년)	어학원 등록증, 재정 증명, 건강 보험, 숙소 계약서, 사진, 비자 신청서
워킹 홀리데이	만 18~30세, 한국 국적, 1회 한정 (최대 12개월)	비자 신청서, 여권, 사진, 재정 증명(2,000유로 이상), 보험, 동기서
취업 비자	독일 기업 취업 확정자, 전공·경력 일치	고용 계약서, 전공/경력 증명, 재정 증명, 건강보험, 거주지 등록, 비자 신청서
블루카드	고학력 전문직(IT, 엔지니어 등), 연봉 요건 충족	고용 계약서, 학위증, 연봉 증명(2025년 기준 48,300유로/인력 부족 직종 43,759.80유로), 건강 보험, 비자 신청서

프리랜서/ 사업 비자	예술가, 번역가, 자영업자, 사업자, 스타트업	사업 계획서, 계약서, 재정 증명, 건강 보험, 비자 신청서
결혼/가족 초청	독일인/영주권자와 결혼, 가족 동반	혼인 증명/가족관계 증명, 재정 증명, 건강 보험, 숙소 계약서, 비자 신청서
주재원(파견)	한국/외국기업 독일 파견, 연락사무소 설립	파견 명령서, 고용 계약서, 재정 증명, 건강 보험, 비자 신청서
이민 (영주권/시민권)	4~5년 합법 체류, 연금 보험 48~60개월, B1 독일어 등	장기 체류증, 연금 납입 증명, 소득 증명, 독일어증명, 범죄 경력 조회, 건강 보험
연구원/ 학자비자	독일 대학 및 연구 기관 초청, 연구 프로젝트 수행	연구 계약서, 재정 증명, 건강 보험, 비자 신청서
예술가/ 창작자 비자	예술, 음악, 문학, 공연 등 창작 활동 종사자	창작 활동 증명, 재정 증명, 건강 보험, 비자 신청서
입학 지원 비자	대학 입학 시험/예비 과정 응시 목적, 조건부 입학	입학 허가서, 재정 증명, 건강 보험, 비자 신청서
단기 방문 (90일 무비자)	관광, 단기 비즈니스, 친지 방문 등	왕복항공권, 숙소, 여행자 보험, 재정 증명(권장)

출처: 독일 연방 이주 난민청(BAMF) https://www.bamf.de/EN/, 주한 독일 대사관 https://seoul.diplo.de/kr-ko, 독일 외무부(연방 외무부) 공식 홈페이지 https://www.auswaertiges-amt.de/, 자세한 사항은 각 홈페이지에서 확인

PART 2.
발음 하나 바꿨을 뿐인데 인생이 달라졌다

1.
독일어 발음,
이 10가지만 기억하자

발음이 인생을 바꾼다? 외국인으로서 독일에 사는 우리 모두의 최대 고민은 독일어이다. 독일어는 이곳에서 곧 생존을 좌우하고 삶의 질의 높낮이와도 직접적으로 연관되어 있다. 특히 독일어 실력 향상의 핵심은 발음이다. 만약 이제 독일어를 배우기 시작한다면, 독일어 발음에 대해 알아야 할 진실이 있다. 우리에게 독일어 발음이 쉽지 않음은 분명하다. 그리고 처음에 잘못 익힌 발음이 내 입에 굳어버리면, 나중에 교정하는 것은 정말 힘든 일이다. 그래서 처음 배울 때 천천히, **정확히** 익혀 놓아야 한다. 그렇지 않으면 가던 길을 다시 되돌아 가야 한다. 나처럼 말이다.

입사 초기, 발음 교정에 대한 확고한 결심을 하게 만든 사건이 있었다. 한번은 마케팅 동료 15명이 뮌헨 사무실에 모여 소프트 스킬 관련해서 교육을 받게 되었다. 이 과정을 마치고 마지막 날에는 그 동안 배운 내용을 그룹별로 발표하고 또 비디오로 녹화를 하기로 했다. 늘 그렇듯 나는 교육을 받는 팀원 중에 유일한 외국인이었다. 드디어 우리 조가 무대 앞으로 나왔고, 내 차례가 되자 나는 "Heute werden wir euch über eine Geschichte erzählen(오늘 우리가 이야기 1가지를 들려줄 거예요)."라고 말했다. 그런데 내가 'heute'라는 첫 단어를 내뱉자 한 짓궂은 동료가 웃음을 터뜨렸다. 그때까지 나는 heute를 늘 '호!이!테!'라고 또박또박 발음해왔다. 그런데 알고 보니 heute['hɔʏ tə] IPA(국제음성기호)[2]는 '호이터/허이터'의 중간 발음이다. 이유는 다음과 같다. [ɔ]는 오/어 중간 발음이고, heu는 e와 u가 합쳐진 이중 모음(Diphthong 디프통)이다. 그래서 철자는 두 개이지만 발음상은 한 음절이므로 빠르게 heu[호이/ 허이 'hɔʏ]가 된다. 또 te의 e는 애 슈바(e-Schwa)로 짧게 '어'로 즉, 'te 터' 소리가 난다. 발음을 배워본 적이 없던 내가 이런 것들을 알 리 없었다. 이 사건 이후로 나는 사람들 앞에서 독일어로 말하기를 두려워하게 되었다. 하지만 동시에 **반드시 발음을 교정하고 말 거야.**'라고 마음 먹게 되었다.

또 다른 일화로는 내가 다니던 독일 회사에서 신입 마케팅 직원을 뽑을 때의 일이다. 독일이 이민국인지라 지원자들의 출신 국가도 크로아티아, 러시아, 이집트 등 정말 다양했다. 능력이 비슷해 보이는 후보들 중에서 우리

---

2 국제음성기호(IPA, International Phonetic Alphabet)는 세계 모든 언어의 소리를 일관되게 표기하기 위해 만들어진 기호 체계로, 언어학자, 언어교사, 언어치료사가 발음을 기록하고 연구할 때 사용. 출처: 위키피디아

는 가장 자신감 있어 보이는 크로아티아 출신 학생을 선택했다. 인사부 동료의 피드백도 마찬가지였다. "그 크로아티아 학생, 독일어 발음이 정확해서 의사소통이 명확하네요." 발음이 취업과 회사 생활에 얼마나 중요한지 알려주는 순간이었고, 나는 이때 나 자신을 뒤돌아보게 되었다. 독일어 학원 선생님들이 종종 하는 말이 있다. "한국 학생들은 왜 이렇게 발음이 나쁘냐?" 요즘 한국 사람들의 영어 발음은 좋은데, 독일어 발음은 도대체 왜 이런 나쁜 평가를 받을까? 우리가 구입해서 공부하는 독일어 교재에 표기된 한국어 발음 때문이다. 예를 들어 한국에서 판매하는 독일어 책에는 독일 숫자가 이미지 7과 같이 한글로 표기되어 있다.

1. eins [아인스]
2. zwei [쯔바이]
3. drei [드라이]
4. vier [삐어]
5. fünf [삔쁘]
6. sechs [젝스]
7. sieben [지븐]
8. acht [아흐트]
9. neun [노인]
10. zehn [첸]

이미지 7 – 독일어 단어의 틀린 한글 표기

그런데 사실 이 숫자들은 이렇게 발음이 된다.

+ 숫자 2는 zwei[tsvaɪ] - z는 ts로 발음, 쯔바이보단 [츠바이]가 자연스러움
+ 숫자 5는 fünf[fʏnf] - f는 영어의 f와 동일, ü로 인해 [퓬프]에 가까운 발음
+ 숫자 8은 acht[axt] - ch2는 목에서 내는 마찰음, 한글로 표기 불가능

오죽하면 독일 유학생들 사이에서 "한국에서 독일어 공부했어도 독일 가면 다 잊고 처음부터 시작해야 해요."라는 말이 나올까. 나도 내 발음에 문제점이 있다는 걸 알고 있었다. 그래서 대학원을 다닐 때도 매 강의마다 그룹 프로젝트를 앞에서 발표해야 하는 독일 교육 방식이 매우 어려웠다. 어느 그룹을 가도 유일한 외국인인 내가 어떻게 많은 네이티브들 앞에서 즐겁게 발표할 수 있을까? 나는 나의 문제점을 인지하고 있으면서도, 강도 높은 회사 업무와 독일 전 도시를 다니는 출장 일정 때문에 발음 부실 공사를 재건할 시간이 없었다.

그러다가 드디어 결정의 순간이 다가왔다. 마침 육아 휴직으로 처음 여유로운 시간이 생긴 것이다. 나는 이 시간을 이용해 그동안 소원하던 '독일어 발음 부실 공사 재건축'을 시작했다. 발음 교정을 위한 나의 여정은 이랬다. 먼저 발음 관련 수많은 유튜브 채널을 섭렵 → 전 ZDF TV 방송 스피치 강사와 일대일 트레이닝 → 마지막엔 고가의 비용을 내며 언어 치료사(Logopäde)들에게 체계적인 발음 교정까지 받았다. 이 수업을 통해 독일어 철자의 정확한 소리와 그 소리를 발음하기 위한 입모양, 혀 위치, 쉐도잉

(따라 말하기) 기법을 배웠다. 그중에서 한 언어 치료 선생님에게 아주 결정적인 내용을 전수받았다. 그 교훈은 '너 자신을 알라.'였다. 내 발음 중 정확히 어떤 부분이 문제인지도 모르면서 "원어민처럼 말할 거야."라고 하면 절대 변화가 없다는 것이다. 그래서 그 선생님과의 수업은 내 목소리, 즉, 내 발음을 녹음하고 들어보는 것이 핵심 내용이 되었다. 그리고 실제로 녹음을 통한 교육 과정은 내 발음 교정의 가장 중요한 은인이 되었다.

그런데 통일된 발음 기호에 대한 아쉬운 부분이 있었다. 각 선생님마다 각자 나름의 기호를 사용하지만 통일된 기호를 사용하는 선생님은 없었다. 예를 들어 außerdem(또한)이라는 단어만 봐도 한 선생님은 소리가 [아오 싸 댐 ao-ßaa-deem] 식으로 난다고 한다. 또 구글은 [아우 써 댐 au-ser-deem]처럼 소리 난다고 소개한다. 그래서 내가 생각한 방법이 IPA를 통한 발음 학습이다. Außerdem의 IPA를 찾아보니 [ˈaʊ̯ sedeːm]으로 표기 되는 것을 알았다. 독일어 [sa]는 아/어 중간 발음이기 때문에 결국 이 발음은 '**아우싸댐**'과 '**아우써댐**' 사이의 발음이 되는 것을 알 수 있다. 독일어는 철자와 실제 발음이 다르기 때문에, 이런 식으로 IPA의 '소리 기호'를 보면서 발음을 이해하는 것이다. 무엇보다 발음 전문가에게 배웠던 입모양 만들기, 혀 위치 바꾸기를 통한 발음 연습보다는 IPA를 활용한 방법이 나에게 더 적합했다. 만일 원어민의 발음이 꼭 필요할 때는 구글을 참고한다(구글 außerdem Aussprache를 검색, 스피커 아이콘을 클릭해서 발음 듣기). 이렇게 진행

된 부실 공사 개선 사업으로 내 발음은 많이 향상되었다. 적어도 일상생활에 많이 쓰이는 주요 발음은 그랬다. 첫 단계로 10가지 핵심 발음을 익히고, 나중에는 그 범위를 넓혀 나갔다.

01. ch1 발음 [히 ç]: 취업에 결정적인 발음

독일의 인사부 담당자들은 외국인 지원자들이 말하는 첫 마디 즉, 저는(ich 이히)라는 단어만 들어도, 이 사람이 어떤 모국어를 사용하는지 알 수 있다고 한다. 터키 출신은 "이쉬", 러시아 출신은 "이크", 그리고 한국인은 "이시"라고 발음한다는 것이다. 모두 틀린 발음이다. 언어 치료 전문가에게 배운 방법을 쓰고 난 후에, 나는 이 [히 ç] 발음을 완벽히 고쳤다. 히(ch1)가 목에서 나는 소리가 아니라, '공기 소리'라는 것을 인식하고 나니 아주 쉬워졌다. 즉, 이(i) 발음 시에는 목에 떨림(유성)이 있지만, 히(ch1) 소리를 낼 때는 목에 진동(무성)이 없다. 따라서 i를 발음하며 입이 양 옆으로 넓게 벌려진 상태에서, 입에 남아 있는 공기를 빼면서 '히'하면 그 마법의 소리가 나온다. 그런데 히(ch1) 소리가 단어 앞부분이나 끝에 있으면 다소 발음이 쉽지만, 단어 중간 또는 맨 마지막에 섞여 있으면 결코 쉽지 않다. 그래도 이 발음을 마스터하면 독일인들이 깜짝 놀랄 정도로 자연스러운 독일어를 구사할 수 있다.

> **ch1 발음 [히ç] 핵심 포인트 [강세 표시, 굵게 표시된 한글 표기에 강세가 옴]**
> + 언제 사용: ch1가 e, i의 뒤에 올 때
> + 발음 방법: 이[i] 발음 후에, 입에 남은 공기를 히[ç]하며 빼내기
> + 대표 단어
>   • 단어 앞 ch1: China['çiːna] **히**나, Chemie[çeˈmiː] 헤**미**
>   • 단어 중간 ch1: Rechnung[ˈʁɛçnʊŋ] 레**히**눙, Wöchentlich[ˈvœçntlɪç] **뵤**헨틀리히, Sechzig[ˈzɛçt͡sɪç] **제**히치히
>   • 단어 끝 ch1: Endlich[ˈɛntlɪç] **엔**틀리히, Milch[mɪlç] 밀히

한글 발음 표기는 단지 참고용일 뿐이며, 발음은 원어민 발음을 통해 학습할 것을 권함. IPA 발음 기호의 한글 표기는 본 책의 부록에 설명

02. ch2 발음 [한국말에 없는 소리 x]: 초급과 중급을 가르는 경계선

이 발음만 잘해도 일단 '독일어 좀 하네.'라는 소리를 듣는 고급 발음에 속한다. 그래서 이 발음은 독일어 초급자와 중급자를 구분하는 경계선이라고 할 수 있다. '히'라는 소리가 한국말에 존재하기 때문에 우리에게 히(ch1)가 다소 쉬운 반면, ch2[x]는 한국인에게 무척 어려운 발음이다. 소피는 어린이집에서 돌아오면 늘 나에게 "엄마 **쿠우-ㅋ흐흔**(Kuchen[ˈkuːxən], 케잌) 주세요"라고 말한다. 그 작고 빨간 입술에서 나오는 완벽한 독일어 발음에 나는 감탄했다. 내가 피곤할 때 딸을 "독터"라고 부르면 "엄마 나는 독터가 아니라 **토흑타**(Tochter[ˈtɔxtɐ], 딸)야."라고 정확하게 수정해 준다. 또 다른 에피소드로는 마케팅 업무를 하며 유럽 출장 다닐 때 일이다. 내가 독일에 온 지 얼마되지 않은 어느 날, 내가 내 동료에게 "이번엔 비행기 타야 하는

거죠(Müssen wir dieses Mal einen Flucht nehmen)?"라고 물었다. 동료는 빙긋 웃으며 "우리 비행기를 타는 게 나을걸, 근데 탈출할 필요까지는 없어(Wir nehmen eher einen Flug, aber wir brauchen keine Flucht)."라고 답했다. 내 발음이 비행기(플룩, Flug[fluːk])가 아닌 ch2[x] 발음이 나는 탈출(플루흐흑트/플루흑트, Flucht[fluxt])로 들려 동료가 장난을 친 것이었다.

---

ch2 발음 [한국말에 없는 소리 x] 핵심 포인트

+ 언제 사용: a, o, u 뒤에 ch가 올 때
+ 발음 방법: 가래 뱉기 전 준비 할 때 [흐흑]하는 소리
+ 대표 단어
  - Buch[buːx] 부흐흑
  - Tochter['toxte] **토흐터/토흑타**
  - machen['maxn] **마ㅋ흔**
+ 한국인 주의점: 근접한 한글 표현 없음, 원어민 발음 청취 및 IPA [x] 사용 권장

---

03. S 발음: 꿀벌과 말벌의 차이

S 발음을 들으면 예전에 슈투트가르트의 한 한국 식당에서 목격한 장면이 생각난다. 독일에 사는 한 한국 학생이 자기를 방문한 친구 앞에서 "짤쯔(Salz 소금) 주세요."라고 몇 번을 반복했다. 그런데 독일 서빙 직원이 이 단어를 알아듣지 못했다. 결국 친구 앞에서 쑥스러워하며 영어로 "쏠트

(Salt) 주세요."라고 해야 했다. Salz는 짤쯔가 아니라 S가 모음 앞에 쓰이면 (z)소리가 나므로 [zalts 잘츠]와 비슷한 소리가 난다. 우리가 여행을 많이 가는 오스트리아의 짤쯔부르크는 [잘츠부억]이다. S 발음은 두 개 발음으로 구별되는데 쉽게 꿀벌 발음과 말벌 발음이 난다고 생각하면 간단하다. S + 모음(꿀벌 소리)의 경우는 유성음으로 이 발음은 성대가 진동하면서 나오는 '즈' 소리이다. 이 '즈즈' 벌 소리 때문에 독일어가 때로는 멜로디가 있는 낭만적인 소리로 들린다. 이에 반해 S + 자음 또는 단어 어미에 있는 S는 무성음으로 목젖에 진동이 느껴지지 않는다.

S 발음 핵심 포인트

+ 꿀벌 소리 s[z]
  - 언제 사용: S + 모음
  - 발음 방법: [즈]하며 목젖에 손을 대보면 진동 소리를 느낀다, 유성음
  - 대표 단어: Sohn[zoːn] 존, sagen[ˈzaːgṇ] **자근**, See[zeː] 제
+ 말벌 소리 s[s]
  - 언제 사용: S + 자음 또는 단어 끝
  - 발음 방법: 치아 사이로 공기 내보내며 [스/쓰], 진동 소리 없는 무성음
  - 대표 단어: Haus[haʊs] 하우스, Glas[glaːs] 글라스, Fest[fɛst] 페스트

---

04. Z 발음: 한국 사람에게 어려운 독일 제트 발음

Z 발음도 내가 나중에 고치느라 무척 애를 먹은 알파벳 중 하나였다. Z는 영어와 달리 독일어에서 [ts 츠]로 발음해야 한다. 그런데 독일어를 가르

치는 어떤 한 분이 유투브 방송에서 중국말을 하는 것처럼 Zusatztermin 을 [쭤 재 찍 테민]이라고 발음하는 것을 보았다. Zusatz의 정확한 발음은 [ˈtsuːˌzats 추ːㅈ차츠]에 가까운 발음이다.

Z 발음 핵심 포인트

+ 언제 사용: [t͡s]는 영어의 Z와 전혀 다름
+ 발음 방법: [t͡s 츠] 소리
+ 대표 단어
  - zehn[t͡seːn] 첸, Zeit[t͡saɪ̯t] 차이트/차잍, zeigen[ˈt͡saɪ̯gn̩] 차이근
+ 흔한 실수:
  - zwei 쯔바이 ✕ → 츠바이[t͡svaɪ̯] ◯
  - Zusatz 쮸자쯔 ✕ → **추자츠**[ˈt͡suːˌzats] ◯
+ 특이 사항
  - [t͡s]의 공식 명칭은 타이바(tie bar) 또는 리가처(ligature)
  - 두개의 소리가 동시에 나는 파찰음(affricate)
  - 타이바로 묶여진 독일어의 [t͡s]는 한 개의 소리(예: Zeitung[ˈt͡saɪ̯tʊn] 차이퉁, 영어의 [ts]는 두 개의 소리(예: cats[kæts] 캩츠)로 구분 됨

---

05. 애 슈바(e-Schwa) 발음: 당케 아니라니까요!

독일어 발음 공부를 본격적으로 하면서 가장 안타깝게 생각하는 발음이 이 애 슈바(e-Schwa) 발음이다. 왜냐하면 독일어 발음에서 제일 중요한 이 발음을 한국인이 틀리게 배우고 있기 때문이다. 한국에서 '이히 리베 디히'라고 배웠던 ich liebe dich는 사실 독일에서는 **'이히 리버 디히'**라

고 한다. 그리고 한국인이 틀리게 발음하는 애 슈바가 들어간 단어 중에는 danke와 Schule가 있다. 당커에서 당에 엑센트가 있고, 커는 강세가 없어 '**당커**[ˈdaŋ.kə]'에 가깝다. 그리고 학교를 나타내는 Schule는 슐레가 아니라 **슈울러**[ˈʃuːlə]라고 해야 현지인이 알아듣는다. 무엇보다 한국인 가장 심한 엑센트를 가지고 있는 애 슈바(e-Schwa) 발음은 접두사 be-, ge- 발음이다. 이 엑센트만 조금만 연습해도, 엑센트를 줄이고 상당히 듣기 좋은 독일어 발음을 구사할 수 있다. 접두사 be-, ge-는 각각 [bə 베, [gə 게 발음이 나며 일상 회화에서 숨쉬듯 자주 사용된다(이미지 8). 그래서 나는 이 접두사가 포함된 단어 bəkommen[beˈkɔmən **버커믄**], bəsuchen[beˈzuːxən **버주흔**], gəsehen[geˈzeːən **거제흔**], gədacht[geˈdaxt **거닥흐**]는 아예 e를 뒤집어 써가며 연습했고, 이 발음을 100% 고쳤다.

이미지 8 – 애 슈바, 접두사 be-, ge- 발음법

제공: Juliane Klingenberg Nery, 유튜브 채널명 'GermanToGo'

> **애 슈바(e-Schwa) 또는 슈바 라울(Schwa-Laut) 발음 핵심 포인트**
> + 언제 사용/정의: 단어 끝 e, 동사원형 -en, 접두사 be-/ge- 에 있는 e를 나타냄
> + 발음 방법: [어/으] 사이의 짧은 소리, 소리에 강세 없음 중요
> + 대표 단어
>   - 동사원형 -en: gehen[ɡeːən] 게은, spielen[ˈʃpiːlən] 슈필른
>   - 단어 끝 e: bitte[ˈbɪtə] 비터, Blume[ˈbluːmə] 블루머
>   - be- 접두사: besuchen[bəˈzuːxən] 버주흔, besonders[bəˈzɔndɐs] 버존더스
>   - ge- 접두사(과거분사): gesehen[ɡəˈzeːən] 거제흔, gefahren[ɡəˈfaːʁən] 거빠른/거파른
>   - be-, ge- 가 들어간 단어를 아예 bə-, ɡə-로 쓰며 연습

06. 좀 특이한 애 슈바(e-Schwa): -ten, -ken, -den
: 구텐탁은 잊자!

독일 사람들은 -ten, -ken, -den으로 끝나는 단어의 경우 구어체에서 e 발음을 생략한다. 그리고 n은 코와 입을 동시에 사용하며 '은'이라고 발음한다. 우리가 많이 들어 본 인사말 구텐탁(Guten Tag)은 틀린 발음이다.

- **Gu**te**n** Tag, **gu**te**n** Mor**gen**
  - 구텐탁, 구텐모르겐 ✗ → 굳은 탁[ˈɡuːtən taːk], 굳은 모아근[ˈɡuːtən ˈmɔʁɡn̩] ○
  - 굳!은![ɡuːt! n̩!]이라고 생각하면 단순

- Guten Abend
  - 구텐 아벤트 ✗ → 귿은 야븐트[guːtən ˈaːbn̩t]/ 귿은 야븜[guuutn aaaabmt 구어체] ○
  - Abend에서 bend[bmt] 발음은 다음장 07 –ben의 순행동화 규칙과 이미지 9 참조

이미지 9 – 특이한 애 슈바, –ten과 –ben 발음법

제공: Lisa Göbel, '유튜브 채널명 SPRICH SCHÖN'

또한 우리가 매일 말하는 denken(생각하다)은 댕큰이 아니라 [댕ㅋ읜]이다. backen(빵을 굽다)은 바큰이 아니라 [박ㅋ읜], trinken(마시다)는 트링큰이 아니라 [트링ㅋ읜]으로 발음된다. 처음 독일 TV를 보거나 라디오를 들

을 때 들리는 핀은, 슈빈은이 뭘까하고 궁금해 했다. 나중에 알고 보니 이 단어는 finden(찾다)과 schwinden(사라지다)이었다. 즉, 독일 사람들은 핀든(finden), 슈빈든(schwinden)이라고 발음하지 않고 [핀ㄷ은], [슈빈ㄷ은]이라고 한다. -den으로 끝나는 모든 과거 분사(Partizip II) 동사도 -den을 '든'이 아닌 '은'이라고 발음한다는 것에 유의해야 한다. 예를 들어 gefunden(거푼ㄷ은), verschwunden(퍼슈빈ㄷ은)등이 이에 속한다.

특이한 애 슈바(e-Schwa) -ten, -ken, -den의 핵심 포인트

+ 언제 사용: -ten, -ken, -den, 으로 끝나는 단어
+ 발음 방법: e는 발음 생략
+ 대표 단어
  - -ten
    ◦ Minuten 미누튼 ✗ → **미누ㅌ은**[miˈnuːtn̩] ○
    ◦ arbeiten 아바이튼 ✗ → **아바이ㅌ은**[ˈaʁbaɪ̯tn̩] ○
  - -ken
    ◦ denken 댕큰 ✗ → **댕ㅋ은**[ˈdɛŋkn̩] ○
    ◦ Backen 바큰 ✗ → **박ㅋ은**[ˈbakn̩] ○
  - -den
    ◦ finden 핀든 ✗ → **핀ㄷ은**[ˈfɪndn̩] ○
    ◦ schwinden 슈빈든 ✗ → **슈빈ㄷ은**[ˈʃvɪndn̩] ○

07. -ben의 순행 동화 규칙(progressiv Assimilation)
: 하벤/하븐이 아니다

독일어 회화에서는 발음 간소화를 위해 -ben이 포함된 단어에서는 e는 묵음이 되고 n이 m으로 순행 동화가 되어 븐(ben)이 → 븜(bm̩) 소리가 난다. 따라서 독일 원어민은 하븐(haben)이라고 말하지 않고, 일상 대화에서 합음[haːbm̩]이라고 발음한다. 이 원리로 다른 단어와 달리 haben의 IPA를 보면 하븐 [haːbn̩]과 합음 [haːbm̩] 두 개로 표기된다. 내 딸 소피는 두 살 때 한 단어씩 내뱉어 자신의 의사를 표현했다. "이것 갖고 싶어요."라고 말하고 싶을 땐 "mama haben(엄마 가지다)."라고 표현했다. 이렇게 문법이 틀리게 말해도 haben을 말할 때는 언제나 하븐이라고 하지 않고 -ben의 순행 동화 룰에 따라 "마마 합음"이라고 원어민 발음을 했다.

-ben의 순행 동화 핵심 포인트

+ 언제 사용/규칙: : -ben에서 e는 묵음, n이 m으로 변화
+ 발음 방법: -ben[븜]
+ 대표 단어(원어민 일상 회화에서)
  - haben 하븐 ✕ → **하븜/합음**[ˈhaːbm̩] ○
  - lieben 리븐 ✕ → **리븜/립음**[ˈliːbm̩] ○
  - leben 레븐 ✕ → **레븜/렙음**[ˈleːbm̩] ○

08. 유성 자음이 무성 자음으로: 개 먹는 나라요?

예전에 시어머니가 "너 개고기 좋아하지?"라고 물으신 적이 있다. 나는 또 너희 개 먹는 나라 시나리오가 나오는 줄 알고 매우 기분 나빠 했다. 그런데 그 당시 시어머니는 개(훈트 Hund)를 얘기하신 게 아니라 닭(훈 Huhn)을 얘기하신 거였다. 내가 무성 자음화(Auslautverhärtung)를 몰라서 일어난 일이었다. 이름도 어려운 이 단어는 영어에서 마지막 음절을 강하게 발음(final sound hardening)하는 현상 정도로 이해할 수 있다. 간단히 말하면 단어 끝 유성 자음이 무성 자음으로 변하는 경우인데, 단어 끝 B가 → P로, D가 → T로, G가 → K로 무성 자음화가 된다. 이 발음은 내가 언어 치료사에게 발음 교정을 받을 때도 자주 지적받았던 부분이었다. 예를 들어 나는 태국, 즉, Thailand를 '타이랜드'라고 했다. 하지만 옳은 발음은 '**타이란트**'. 타에 강세가 있지만 '트'도 정확히 들려야 한다는 것이다. Und(그리고)도 '운트'로 발음하지 않고 '운드'로 말해 초반에 많이 지적을 받았다. 우습게도 이런 규칙을 엄격히 지키다 보니 반대로 독일인이 영어를 할 때 심한 독일 엑센트가 묻어 나온다. 이를 테면 독일 사람은 and the dog이라고 영어를 말할 때 '앤 더 독'이 아니라 '앤트 서 독' 이라고 한다. And의 D가 → T로 변하고, dog의 G를 → K로 발음하기 때문에 일어나는 해프닝이다.

> **무성 자음화 핵심 포인트**
> + 언제 사용/규칙: 단어 끝 유성 자음 → 무성 자음으로 변화
> + 발음 방법: B → P 소리, D → T 소리, G → K 소리
> + 대표 단어
>   - B → P: lieb → [liːp] 맆
>   - D → T: Hund → [hʊnt] 훈트, und → [ʊnt] 운트
>   - G → K: Tag → [taːk] 탁

09. 모음화 된 R 발음: R이 [아] 발음 난다고?

라디오(Radio)나 빨간색(rot)처럼 r이 단어 처음에 나올 때는 일반적 ㄹ로 발음되지만, besser [ˈbɛsɐ] 처럼 단어 사이 또는 단어 끝에 나올 때는 r이 모음화되어 [ɐ 아]로 발음된다. 내가 오랜 동안 아무 생각 없이 발음해 왔던, '나를 소개하다'라고 말할 때 '미히 **포슈텔른**(mich vorstellen)'도 틀렸던 것이었다. 단어 중간/끝의 r은 모음화되어 부드러운 '아' 소리가 나야 한다. 즉, '미히 **포아슈텔른**'과 유사한 발음이다.

R 발음 핵심 포인트
✦ 언제 사용/발음 방법
• 단어 앞 R: 목구멍에서 긁는 듯한 'ㄹ' 소리(후설 마찰음)
• 단어 중간/끝 R: 모음화된 [ɐ] 아
✦ 대표 단어
• rot[ʁoːt] 로올 → 단어 앞 R
• morgen['mɔʁgŋ] 모아근/모어근 → 단어 중간 R
• Länder['lɛndɐ] 랜다/랜더 → 단어 끝 R

10. 문장/단어 강세: 강세는 과장하고 오버하자

독일어는 강세나 억양이 영어보다 중요한 언어이기 때문에, 문장에 강세가 어디에 오는지 알아 두어야 한다. 만일 "우리 빵 사야 돼(wir sollen Brötchen kaufen)."라고 이야기 한다면. 이 문장에서는 제일 중요한 정보인 명사 빵(Brötchen, 강세 1음절)에 가장 강한 엑센트를 두어야 한다. 그리고 독일어 동사 -en에서 e(애 슈바)는 아주 약하거나, 발음하지 않으므로 이 전체 문장에서 so_llen Brötchen kauf_en만 크게 들린다(이미지 10).

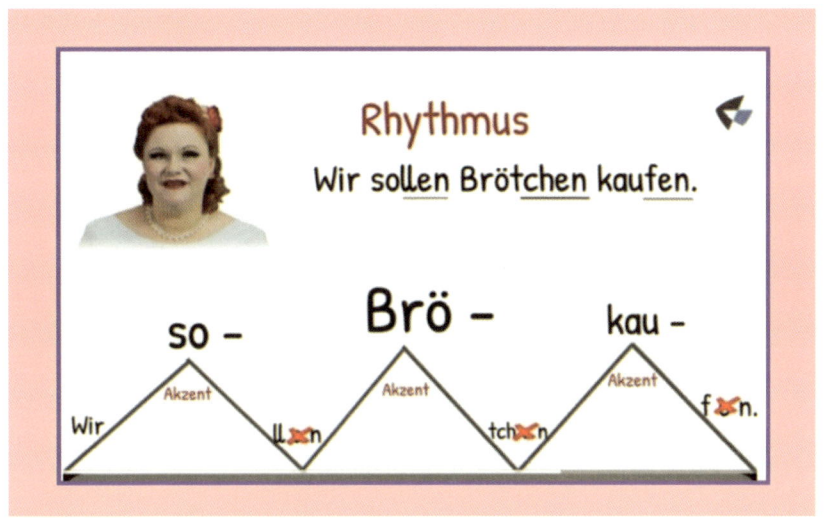

이미지 10 – 독일어 문장 및 단어 강세법

제공: Ines Crocker, 유튜브 채널명 'Language Coach Institute'

    나는 유튜브에서 A1/2, B1/2, C1/2 레벨별로 독일어 구두 시험을 모의로 보여주는 비디오를 자주 본다. 각 나라마다 정말 다른 다양한 엑센트를 구사하는 학생들과 직장인들을 보면 신기하기도 하고, 잘하면 잘하는 대로, 못 하면 못 하는 대로 배울 점이 매우 많기 때문이다. 최근 본 한 비디오에서 볼리비아 출신 한 여성이 B2시험에 응시했는데, 너무 발음이 좋아서 최소 C1는 되겠다라고 느끼며 관심있게 본 적이 있다. 다만 단어의 강세만 고치면 훨씬 더 좋을 텐데, 라는 생각이 들었다. 그 친구가 말한 명사단어 중에 Angebot이라는 단어가 있었다. 안타깝게 그 학생은 발음을 "안거봍 안

거**봍**"하며 발음을 했다. 하지만 이 단어는 **안**거봍(Angebot)으로 발음돼야 한다. 그리고 또 일/업무를 나타내는 Arbeit를 말할 때도, '**아**바이트'해야 하는데, '아**바**이트'라고 해서, 참 아쉽다는 생각이 들었다. 문법, 문장 구성 모두 잘하다가 중요 단어 강세들을 계속 틀리게 발음을 하고 있었기 때문이다. 이 현상은 스페인어를 구사하는 사람들에게서 공통적으로 자주 보았다.

내가 언어 치료사와 발음 교정을 할 때도 단어 강세를 "좀 오버한다 싶을 정도로 좀 더 강조해라."라는 피드백을 받았다. 그때 그 선생님의 말을 나는 아주 나중에 뼈저리게 깨달았다. 나는 자기 전 매일 밤, 칠흑 같은 어둠 속에서 오디오북이나 팟캐스트를 듣는 버릇이 있다. 낮에 핸드폰 소리에서 나오는 독일어와 깜깜한 곳에서 이어폰으로 듣는 독일어의 발음은 전혀 다르다. 어느날 독일 사람들이 실제로 말을 할 때 단어 강세를 얼마나 강조하는지 조용한 어둠 속에서 오디오북을 들으며 '절실히' 깨달았다. 그 동안 별 생각 없이 들었던 관찰하다라는 beobachten[버**오**박흐튼 bəˈʔoːbaxtn̩]이나 시골을 의미하는 dorf[**도**르프 dɒʁf]라는 단어가 전혀 다르게 들리는 것이다. 미국 사람들이 Orange를 말할 때 심하게 r을 굴리며 '**올**륀쥐'로 발음하면 참 오바한다라고 느끼는데, '독일어는 더 심하게 오버하는구나.' 하는 것을 어둠 속에서 이 단어들을 들으며 뼈저리게 체험했다.

> ### 문장/단어 강세 핵심 포인트
> + 언제 사용/강세 원칙: 문장에서 가장 중요한 정보(보통 명사)에 강세
> + 발음 방법: 오버한다 싶을 정도로 강조하기, 어둠 속에서 발음을 들으면 독어의 강세의 위력 경험
> + 대표 단어
>   - Angebot 안거봍 ✗ → 안거봍 ⭕
>   - Arbeit 아바이트 ✗ → 아바이트 ⭕
> + 주의: Beobachten[bəˈʔoːbaxtn̩] 발음 기호에서 ʔ표기는 성문 파열음(잠깐 휴식/끊어짐 glottal stop)을 나타냄. B'e'-'O'bachten처럼 두 모음이 만날 때는 새로운 음절이 시작되기 전에 잠시 끊어준다는 표시. 버를 발음하고 잠깐 끊고 바로 오를 강조해서 발음. 그래서 회화에서 [버]는 잘 안 들리고 [오]가 강하게 들린다. 버오박흐튼 [bəˈʔoːbaxtn̩]

    발음 교정을 한참 독학할 당시, 나는 아예 주요 10가지 독일 발음과 관련 문장들을 손수 표로 만들었다. 그리고 이것을 출력해서 집안 곳곳에 붙여놓고 연습했다. 그뿐만 아니라 내 발음을 반드시 녹음기에 녹음하여 들어 보았다. 그렇게 한 달 이상을 하다보니 이 10가지 발음 원칙만은 정확히 지킬 수 있었다. 하지만 만족스러웠던 내 발음은 프리 토킹을 하면 다시 엉망진창이 되었다. 늘 연습하던 문장이 아닌, 대본 없는 즉석 대화를 해야 하는 상황이었기 때문이다. 그래서 나는 회사 업무를 할 때나 병원에 전화하기 전에 30~40초간 미리 할 말을 핸드폰에 녹음해보고 전화하는 습관을 만들었다. 가끔 말하는 내 모습도 비디오로 녹화해 보았는데, 말할 때 내가 참 미소가 없다는 생각이 들었다. 그래서 말할 때 웃는 것까지 같이 연습했다. 미소는 독일어 단어 '이히 ich' 발음만 있으면 걱정이 없다. 여기에 더불어 거의

매일 녹음기 또는 챗GPT와 대본 없는 대화를 했다. 어쩔 때는 상황극을 만들고, 또 그날 있었던 이야기를 친구와 실제로 통화하는 것처럼 대화했다.

　이 모든 것을 하고 나니 마법 같은 연쇄 반응이 일어났다. 내 발음이 좋아지니까 내 소리를 내가 좋아하게 되었고, 그러니 계속 말하고 싶어졌다. 내 발음에 대한 자신감이 폭발하고 거기에 미소까지 더해지니 상대방이 나를 대하는 태도도 달라졌다. 당연히 직장과 일상생활 소통이 원활해지고, 다양한 기회가 자연스럽게 열렸다. 나의 태도와 행동이 긍정적으로 변하면서 자존감도 상승한 것이다. 여기에 부수적으로 얻은 것은 발음을 정확히 마스터하고 나면, 듣기 능력이 원어민처럼 향상된다. 발음을 정확히 파악하고 있으니 잘 들리는 건 너무 당연한 일. 사실 발음은 독일어 배움에서 **제일 먼저** 선행되어야 하는 단계였다. 하지만 나는 먼 길을 돌아가서 다시 처음부터 시작했다. 나중에 발음 교정 프로젝트에 나선 것은 내 인생의 결정적 터닝 포인트였다.

2.
독일어 공부 전략 5가지, 기적의 설계도

✦

1단계: 자가 진단과 맞춤형 계획표로 50분의 기적을 경험하자

    독일은 DHL을 비롯해 세계 최고 수준의 물류 강국이다. 그 핵심 요인에는 즉흥적인 업무 처리를 경계하고 계획을 중시하는 독일의 체계적인 문화가 자리한다. 그 문화가 대규모 물류 시스템을 효율적으로 구축하고 운영할 수 있게 만든 원동력으로 작용했기 때문이다. 나에게 독일에서 배운 최고의 스킬이 무엇이냐고 묻는다면, 단연 체계적 계획 수립이다. 독일에서는 직장생활뿐만 아니라 일상생활에서도 계획 없이는 한 발자국도 나아갈 수 없다. 내가 한국에서 시험관 시술을 할 때 가장 답답했던 부분도 이 점이었다. 첫 시험관 시술은 고국에서 해야겠다는 마음으로 찾아간 한국의 한 클리닉에서는 시술 진행 계획표를 받지 못했다. 제대로 된 일정표가 있으면 독일에 돌아갈 비행기표를 예약하고, 서울 체류 기간 동안의 숙박 비용 등도 미

리 계획할 수 있었을 텐데 의사 선생님은 매번 바로 다음 단계만 말씀해 주었다. 정작 내가 이 병원에서 받은 것은 병원 보호를 위한 수백 장의 동의서였다. 그래서 나는 담당 의사에게 시술 진행 계획서를 부탁했다. 그렇지만 돌아온 것은 나의 태도가 불쾌하니 앞으로는 조심해달라는 경고였다. 그 이후로 그 여의사와의 만남이 몹시 불편해졌고, 시술도 실패로 돌아갔다. 물론 그것이 실패의 직접적인 원인은 아니다. 하지만 시술 과정 내내 하루 빨리 독일로 돌아가고 싶다는 생각만 가득한 상태에서 좋은 결과가 나올 리 없었다. 독일에 와서 받은 시험관 시술은 완전히 달랐다. 시술 상담을 위해 방문한 첫날, 내가 병원에서 받은 것은 단 한 장의 종이였다. 엑셀로 만들어진 이 문서의 왼쪽에는 투여해야 할 주사명과 약 이름이, 오른쪽에는 정확한 날짜가 적혀 있었다. 만약 날짜가 변경되면 다음 날에는 새 계획표 한 장을 받았다. 너무도 단순한 소위 '이 종이 한 장'으로 나는 한 달 이상의 시술 기간 동안 무엇이, 언제, 어떻게 이루어지는지를 알 수 있었다. 그리고 시술 일정에 맞춰 나의 일정도 쉽게 조율할 수 있었다. 단순한 문서 한 장이지만 결국 큰 차이를 만들어냈다.

계획표의 위력이 얼마나 대단한지를 보여주는 또 다른 이야기가 있다. 바로 50분의 기적에 관한 일화이다. 10년 이상 허리 통증으로 고생한 나는 해보지 않은 치료가 없었다. 종합 병원 정형외과, 허리 운동 클리닉, 피트니스 센터, 허리 근육 주사까지. 셀 수도 없는 치료들을 받았지만 모두 임시 방편일 뿐이었다. 절망적이었다. 그러다가 동네 체조 피트니스 센터를 찾았다. 체조 전문가와 1시간 동안 신체 검사를 하고 몇 장의 설문 조사를 작성한 며칠 뒤, 나만을 위한 맞춤형 운동 계획표를 받았다. 이 안의 내용은 놀라울 정도로 단순했다. 퍼스널 트레이너와 함께하는 10분 체조, 나만의 맞춤형 운동 기구로 30분 운동, 10분간 맞춤 스트레칭, 이것이 전부였다.

이렇게 짜인 계획표대로 일주일에 세 번 운동을 하다가 한두 달 후 트레이너와 점검하고 운동 강도를 조금씩 올렸다. 그리고 평상시처럼 운동을 할 때도 정형외과에서 내 발을 스캔해서 특수 제작한 신발 깔창을 운동화에 넣는 것을 빼먹지 않았다. 그리고 놀라운 일이 벌어졌다. 10년 넘게 나를 괴롭혔던 허리 통증이 **완전히** 사라진 것이다! 마치 다시 태어난 느낌이었다. 허리 고통을 겪어본 사람이라면 이 해방감이 어떤 것인지 이해할 것이다. 체조 전문가가 나의 상태를 완벽하게 진단하고 나서 작성한 단순한 계획표 한 장이 기적을 만들어낸 것이다.

독일어도 이와 완전히 동일하다. 먼저 자가 진단을 하고 이것을 기반으로 한 맞춤형 계획서만 꼼꼼히 구성을 해도 독일어는 '불가능한 수학 문제'에서 '쉬운 어린이 산수'로 바뀐다. 복잡해 보이는 독일어 학습도 결국 올바른 공식만 있으면 된다. 독일어 목표 + 공부 우선순위 + 내 취미를 결합한 학습 교재/미디어 활용 + 현실적 계획표 + 정기 점검 = 독일어 성공. 체조 전문가가 내 몸에 맞는 운동을 처방해준 것처럼, 이제 나 스스로에게 맞는 독일어 처방전을 써보자. 아래 표를 활용해 나 자신을 진단 해보고, 다음 장에 소개된 표로 세상에 하나뿐인 나만의 독일어 계획표를 완성하자. 이 계획표 대로 실행하는 순간, A1부터 C1까지 나만의 50분의 기적이 시작된다.

표 2 – 독일어 학습 계획표 작성을 위한 자가 진단

최종 달성 목적	주어진 시간	독일어 공부 우선순위	회화 상황 우선순위
- 대학 진학 위한 TestDaf - 육아를 위한 일상 회화 - 취업/직장인 독일어	- 시험 12월 말: 6개월 - 일상 회화 준비: 6개월 - 회사 계약 연장: 6개월	- 말하기, 읽기 - 쓰기, 발음 - 듣기	- 구두 시험 준비 - 병원 전화/방문 - 비즈니스 파트너 소통
나의 상황	나의 상황	나의 상황	나의 상황

제일 어려운 공부 영역	잘하는 다른 외국어	그 당시 좋아했던 공부법	원어민 대화 기회
- 발음, 듣기 - 말하기 - 읽기	- 영어 - 스페인 - 일본어	- 언어 학습 앱 - 인터넷 강의 - 1:1 원어민 회화	- 사교 모임 - 이웃 - 1:1 화상 통화
나의 상황	나의 상황	나의 상황	나의 상황

PART 2. 발음 하나 바꿨을 뿐인데 인생이 달라졌다

독어랑 접목할 내 취미	동기부여	의욕이 떨어질 때	독일어 공부 시간
- 오디오 북, 팟캐스트 - 취미 모임 - 영화	- 내 최종 목표 상기하기 - 보상 선물 주기 - 독일 취업	- 한 단계 쉬운 자료 공부 - 비슷한 상황 친구랑 대화 - 멘토 찾아가기	- 지하철 왕복 2시간 - 토, 일요일 8-9시 일주일 총 ____시간
나의 상황	나의 상황	나의 상황	나의 상황 일주일 총 ____시간

학습 미디어 및 교재- A 1/2	학습 미디어 및 교재- B 1/2	학습 미디어 및 교재- C 1/2
- 말하기 및 발음: Seedlang, Babbel, Duolingo 앱 - 듣기: TV 시청 - 읽기: 회사 이메일, 어린이용 책	- 말하기: 슈퍼/약국, 녹음기 - 듣기: 선호 팟캐스트, 오디오 북 - 읽기: 선호 분야 책, 잡지	- 말하기: 1:1 온라인 채팅 - 듣기: 팟캐스트 auf deutsch gesagt - 쓰기: 챗GPT
나의 상황	나의 상황	나의 상황

다음 단계로는 위 표에 내가 직접 작성한 자료를 바탕으로 일주일 계획표를 신중하게 설계하는 것이다.

예를 들어 내 최종 목표가 독일에서 어린 자녀 육아이고, 주어진 시간이 6개월이며 공부 우선순위가 일상 생활 회화 마스터하기라고 가정해 보자. 그리고 독일어로 대화를 하는 데 제일 어려움을 느끼고, 아이가 1살이라 시간적 여유가 나지 않아서 공부할 시간도 의욕도 없는 경우이다.

맞춤형 계획표 설계의 예

→ 주인공: 1살 아이를 둔 독일 거주 한국인 엄마

→ 최종 목표 및 우선 순위와 주어진 기간: 자녀 육아를 위한 일상 회화 6개월 내에 마스터

→ 공부 가능 시간: 오전 11시 1시간, 오후 3시 이후 2시간, 매일 총 3시간

→ 독어랑 접목할 내 취미: 어린이 독일어책 섭렵하기, 독일 TV나 영화 시청 등

→ 원어민 대화 기회: 어린이집 선생님, 약국, 병원, 부모/자녀 센터에서 다른 부모와 교류, 온라인 수업

→ 독일 학습 교재 및 미디어: Babbel 또는 Duolingo 앱, 챗GPT, 우편물 읽기

→ 꾸준한 실천법: 일주일 계획표 작성 및 실천, 다른 스터디메이트와 같이 공부, 도움 받을 멘토/지인 찾기

표 3 – 맞춤형 독일어 습득 계획표

시간	월요일	화요일	수요일	목요일	금요일	토요일	일요일
9~12							
12~15							
15~18							
18~21							
21~24							
완료 체크	☐	☐	☐	☐	☐	☐	☐
개선 사항							

계획표 작성 시, 공부 범위는 하루에 한 개, 공부 시간도 본인이 현실적으로 감당할 수 있는 선에서. 즉, 본인이 즐길 수 있을 만큼 정하는 것이 중요하다. 그리고 일주일 계획표 안에는 반드시 **날짜를** 적고, 계획을 이행한 후 쓰는 체크박스도 잊지 말자. 또한 일주일에 한 번씩 나의 공부 현황을 뒤돌아 보고 다음주 공부 범위도 미리 정해 보자.

2단계: 내가 사랑하는 'IT'을 찾자

사실 독일어 정복에 있어 필요한 요소는 재미를 느끼는 것과 호기심을 갖는 것이다. 이 2가지만 있다면 50%가 완료되었다고 생각한다. 그중에서 재미는 정말 중요한데, 사람마다 미쳐서 몰입하는 취미가 있고, 좋아하는 분야가 있다. 나는 'IT'을 하다 보면 시간 가는 줄도 모르고 깊이 빠져있는 나 자신을 발견하게 된다. 독일어는 우리에게 영어에 비해 다소 생소할 수 있으니, 자신이 좋아하는 것을 오랫동안 곰곰히 생각해보고 이것을 독일어 습득에 연결할 것을 권유한다. 특히 나 같은 경우 독일어 어학원이나 정식 대학 코스를 밟은 것이 아니어서 더욱 이 접근 방법이 필요했던 것 같다.

손흥민 선수도 독일에서 축구를 할 당시, 독일어를 배우기 위해 경기 후 애니메이션을 많이 보았다고 한다. 이는 그에게 언어를 배우는 즐거운 방법이 되었고, 언어에 자연스럽게 녹아들 수 있는 계기가 되었다.

나에게 있어서 'IT'는 자서전과 범죄 추리물 매체다. 그래서 독일 대표 텔레비전 ZDF의 다시보기에서 웬만한 범죄 시리즈는 완전히 섭렵해버렸다. 이것도 모자라 팟캐스트에서 '실제' 범죄 사건을 자세히 이야기해주는 〈Aktenzeichen XY〉, 〈Verbrechen〉 팟캐스트 방송을 아직도 매일 밤 듣고 또 듣는다. 이 재미있는 이야기를 나는 특히 창문 롤러가 다 내려진 깜깜한 방에서 자기 전에 무선 이어폰을 낀 상태에서 듣는다. 그러면 독일어 단어와 문장들이 귀에 들리는 것이 아니라 심장까지 파고드는 경험처럼 느껴진다. 그러다가 불면증으로 고생한 적도 많지만 나는 아직도 이 버릇을 고치지 못하고 있다. 그리고 소설은 한 페이지를 넘기기 힘들지만, 자서전식 에세이는 한번 잡으면 손에서 놓을 수 없이 빠져든다. Umes Arunagirinathan라는 어린 소년이 스리랑카를 탈출해 6개월 이상 여기저기 떠돌다가 독일로 망명한 이야기는 정말 인상적이었다. 그가 쓴 『**여기에선 독일색이 기본값인가요(Grundfarbe Deutsch)?**』 책은 기도문처럼 100번도 넘게 읽고, 오디오북으로도 계속 들었다. 나중에 유명한 의사가 된 그의 스토리는 정말 흥미진진했다. 그리고 『**독일 사람들의 침대 속 비밀(Unter deutschen Betten)**』이라는 책은 폴란드 출신 청소부가 전하는 진솔한 이야기다. 3명의 독일 이민 2세대가 말해주는 『**우리는 신독일인(Wir neuen Deutschen)**』이라는 책도 재미있었다. 이 책들의 스토리텔링식 이야기 전개는 나와 같은 이민자들의 스토리라서 공감이 갔다. 내가 자서전식 에세이나, 실제 범죄 추리 매체물에 빠진 이유는 스토리텔링 때문이다. 덕분에 학습이라는 생각이 전혀 안 들고 많은 등장인물의 얽히고설킨 이야기를 즐기며 공부 아닌 공부를 하게 된다.

내가 아는 한국 지인은 독일에서 등산 모임에 가입해 열심히 등산을 하며 친목을 쌓고 독일어도 배웠다. 그는 평상시 "회사에 가면 물과 기름같이 독일 사람들 사이에 잘 섞이지 못한다."라고 했었다. 하지만 그는 등산이라는 취미를 몇 년간 계속하면서 취미를 통해 친목도 쌓고, 독일어 공부도 지속해 나갔다. 독일어 실력이 향상되어서일까? 나중엔 가까워진 회사 동료도 몇명 생겼다는 좋은 소식을 전했다.

내 취미와 독일어 학습의 연결법

01- 스토리텔링 애호가
→ 자서전식 에세이, 범죄 추리물, 스릴러, 미스터리, 단편소설 읽기
→ 독서 모임 참여
→ 본인에게 맞는 오디오 북 또는 팟캐스트 찾기
→ 독일 공영 방송(ARD, ZDF 등)의 앱을 통해 여러 장르 TV 프로그램 보기
→ 독일 역사 관련 책 읽기: 전쟁 후 폐허가 된 독일이 빠르게 경제적으로 회복한 경제 기적 이야기 등

02- 운동 좋아하는 분
→ 독일에는 약 90,000개 이상의 스포츠 클럽(Sportverein)이 있음
→ 도시/지역별 축구 모임, 테니스 및 배드민턴, 등산과 산악 자전거 모임, 그룹 운동 피트니스 센터 등
→ 등산, 산악 자전거는 동승(카풀)의 기회를 통해 친목 도모
→ 요가/필라테스 코스 참여
→ 독일의 태권도장

03- 요리 마니아

→ 독일 요리 유튜브 채널 시청

→ 독일 요리 수업(Kochkurs)에 참여
  - 각 도시 문화 센터(Volkshochschule) 등에서 제공

→ 독일인과 함께 한식 요리하기

→ 음식 재료 포장지 독일어 완전 정복

→ 독일어 레시피 북 만들기 및 SNS 공유

04- 게임 좋아하는 분

→ 보드게임 모임 및 온라인 게임 커뮤니티 참여

→ 독일 게임 박스를 가족/친구와 게임

→ 독일어로 컴퓨터 게임 하기

3단계: 소비자가 되지 말고 생산자가 되자

한 한국 지인이 하우스 닥터를 만나고 와서 이야기를 털어 놓았다. 이 친구는 원래 성격이 조용조용하고 한국에서 독일로 온 지 1년이 채 되지 않아 조심조심 이 나라에서의 경험을 익혀 나가는 중이다. 한번은 독감이 심하게 걸려 의사한테 가서 항생제를 처방 받았지만, 2주 이상 지속되는 감기로 또 한 번 그 의사에게 항생제를 받으러 갔을 때 일어난 일이다.

의사: "왜 그렇게 중국 사람들은 독일 항생제를 엄청 받아갑니까?" (깔깔)

내 친구: "저는 한국 사람인데요?"

의사: "그러니까요. 왜 계속 항생제를 받아가냐구요." (깔깔깔…)

의사와의 이 대화로 상처를 받았다는 그녀에게 나는 이렇게 물어 보았다. "평상시 상대방의 말에 벙찔 정도록 되받아치는 능력이 있어요? 아님 이럴 경우를 대비해서 되받아칠 1~2가지 문구를 미리 써 놓은게 있어요?" 물론 그 친구는 "아니요."라고 대답을 했다. 그동안 내가 독일에서 지내오면서 쌓아논 내공이라고 하면 'schlagfertig sein 또는 schlagfertig argumentieren' 능력이다. 이 뜻은 상대방이 나를 비판했을 때 빠르고 재치 있게 반박하는 능력을 의미한다. 독일에서는 손님에 대한 서비스 개념이 전혀 다르다. 즉, 갑과 을이 존재하지 않는 독일에서 schlagfertig sein 능력은 나를 보호하고, 남에게 나의 기분을 즉각 전달하기에 반드시 필요하다. 그래서 나는 그 친구에게 오늘 바로 향후 이러한 상황을 대비해 재치있게 반박할 수 있는 짧게 몇 가지 말을 스스로 작성해(능동적 생산자) 보고, 이 문구를 완벽히 외워 놓을 것을 권유했다.

내 경험상 언어는 수동적으로 소비할 때보다, 내가 언어 내용을 능동적으로 생산할 때 현저하게 향상된 것을 경험했다. "만약 넷플릭스에서 독일 드라마를 계속 보는데도 독일어가 더 이상 늘지 않아요."라고 한다면 이젠 능동적 생산자가 돼야 한다. 다시 말하면 보고, 듣고, 읽던 수동적인 공부 방법에서 이야기하며 녹음해 보고, 써 보고, 소리 내서 읽어보고 하는 능동적 공부법으로 바꿔야 늘지 않는 그 상태에서 벗어날 수 있다. 사실 나는 대학 강의를 듣기만 하다가 에세이를 쓸 때, 독일어 실력이 억만 배 이상 향상된 것을 경험했다. 왜냐하면 대학 과정에서의 에세이 작성은 발표된 다른 사람의 논문을 내 말투나 내 생각으로 변경해서 작성(Paraphrasierung) 해 봐야 하기 때문이다. 이 과정이 처음에는 뼈를 깎는 고통이라고 해도, 얼마 지나지 않아 길거리 광고 문구만 봐도 자연스레 나만의 단어로 그 광고 문구를 변경하는 스스로를 발견하게 될 것이다. 어학원에서도 받아쓰기라는 수업 과정이 있다. 늘 선생님의 말을 듣기만 하다가, 받아쓰기 과정을 하다 보면 스스로 놓치고 있는 전치사, 단어가 꽤 많다는 것을 발견한다. 따라서 라디오, 팟캐스트를 듣는 것도 중요하지만 써가면서 스스로 컨텐츠를 생산을 해 봐야 한다.

한 독일어 선생님이 예전에 우리 학생들에게 매일매일 독일어로 일기 쓰기를 권유한 적이 있다. 그런데 글을 생산해 보는 이 방법이 도움이 된다는 것을 알면서도 나한테는 맞지 않다는 생각을 했다. 그래서 내가 생각한 방법이 '그날 그날 일어난 1가지 에피소드를 짧게 쓰기' 또는 '에피소드 하나 이야기하기'이다. 예를 들어 예전에 정형외과에 방문을 했는데 "왼쪽 다리가 더 짧아 왼쪽 청바지가 길바닥에 끌려요. 그래서 허리가 아픈가요?"라고 설명을 하고 싶었다. 그런데 '끌려요'라는 이 표현을 몰라서 일단 그 상황을 기억해 두었다. 여기서 너무너무 중요한 것이, 절대 먼저 인터넷에서 찾아보면 안 된다. 전혀 말이 되지 않더라도 먼저 내가 독일어로 이 문장을 써봐야 한다. 그리고 난 후 어디가 틀렸지를 확인해야 실력이 향상된다. 만일 인터넷에게 물어보고, 그냥 찾은 그 문장을 외우는 수동적인 공부 방법으로는 전혀 공부의 효과를 볼 수 없다. 즉, 내가 직접 생산을 해 봐야만 진정 승리자가 되는 것이다. 그리고 여기서 끝나는 것이 아니라, 발음 확인을 위해 친구한테 오늘 나한테 있었던 일을 구구절절 얘기하는 것처럼 녹음기나 챗GPT와 떠들어 보는 것도 좋다.

소비자가 아닌 생산자의 독일어 학습법

01- 일상생활을 능동적 생산 현장으로 만들기
→ 그날 있었던 일을 독일어로 먼저 써보기
→ 인터넷 검색 금지! (먼저 내가 생산)
→ 틀린 부분 찾아서 수정하기
→ 녹음기에 대고 구구절절 이야기하기
→ 상대방의 무례한 말에 재치 있게 반박하는 능력 - 대응 문구 미리 작성해 두기

> **02- 내 생각으로 변경해서 써보기/말하기(Paraphrasierung)**
> → 다른 사람의 글/단어를 내 말투/다른 단어로 바꿔 써보기
> → 광고 문구도 내 단어로 변경해보기
> → 듣기를 할 때 받아쓰기 연습을 하여 놓치는 전치사, 단어 발견하기

4단계: 나의 하루 루틴은 독일어를 즐기는 환경으로 편성하자

　러시아의 우크라이나 침공 이후, 독일은 유럽에서 가장 많은 우크라이나 난민을 수용했다(출처: 유엔난민기구, 2025년 기준). 그중에는 고급 인력들도 상당히 있어서 현재 독일의 인력 부족 현상에 많은 도움이 될 수도 있다고 기대를 모았다. 그런데 우크라이나 난민 출신 의사, 경제학자 등 고급 인력들이 공통적으로 하는 말이 있다. "독일에서 지속적으로 일하고, 이곳 문화에 최대한 잘 적응하고 싶지만 취업에 필요한 독일어 시험에 통과하기가 너무 어려워요.", "잡 센터에서 저희에게 제공하는 독일어 수업은 취업 후 우리가 활용할 수 있는 독일어와 거리가 멀어요.", "독일어 수업에서 문법을 계속 배우지만, 말은 안 나와요." 즉, 심각한 인력 부족에도 독일 정부가 제공하는 이민자, 외국인 대상의 독일어 수업은 전혀 효과적이지 못해서, 독일 경제는 인력 부족으로 지속적으로 어려워지는 악순환이 계속되고 있다. 이런 보도를 매일 접하며 나는 이런 생각을 했다. '성인들도 아이들처럼 언

어를 습득하면 안 될까?'

　3살 소피가 언어를 배우는 것을 지켜보면서 놀라는 순간이 한두 번이 아닙니다. 한국어와 독일어 이중 언어를 배우는 탓일까? 어린이집 친구들이 2살 때부터 문장을 구성하며 유창하게 말을 할 때도 소피는 말을 전혀 하지 못했다. 3살이 되었는데도 그냥 단어만 내뱉을 뿐이었다. 무엇을 갖고 싶을 때는 가지다의 원형 동사 "haben"을 외칠 뿐이었다. 그래서 우리는 어린이집 선생님에게 훈계 아닌 훈계를 받으며 아이가 쓰는 단어를 매일 엑셀 파일에 저장해서 보고를 해야 하는 지경에 이르렀다. 남편도 아이와 말을 더 많이 하고, 나도 나름대로 한국어 책을 자주 읽어주었는데도 큰 변화는 없었다. 그러다가 3살 반이 가까워지자, 움츠려있던 개구리가 아주 멀리 뛰어나가는 것처럼 청산유수가 되었다. 그때부터 주어 동사 목적어를 갖춘 주문장과 거기에 연결되는 부속 문장을 마치 성인들처럼 이야기하는 것이다. 자세히 지켜보니, 상당히 낯을 가리는 소피가 그동안 어린이집에서 계속 혼자서 놀다가 나중에 친구들과 노는 것에 완전히 꽂히게 되면서부터 이런 변화를 보였다. 그때 나는 '친구들이랑 재밌게 놀면 그냥 언어가 익혀지는구나.'를 깨달았다. 그래서 아이가 '즐겁게 말할 수 있는 환경'을 만들어주기 위해 우리 동네에서 열리는 어린이 예배 교회(Kindergottesdienst)에 다니기 시작했다. 그곳에서 매주 일요일 다양한 프로그램으로 아이들이 함께 어울리며 노래하고, 율동하고, 손으로 이것저것 만들며 온몸으로 언어를 익혔다. 예를 들어, 어느 날은 목사님이 귀여운 인형을 들고 나와 성경책 속 빵과 양식에 관련한 이야기를 어린이 극장에서처럼 재연해주고, 아이들과 오븐에 빵을 구워 먹었다. 이런 경험을 통해 그 교회에서 언어는 배우는 게 아니라 '느끼고 즐기는 것'이라는 걸 배웠다. 우리 어른에게도 이런 즐길 수 있는 언어 환경이 필요하다. 독일에서는 동네마다 교회를 쉽게 찾을 수 있다. 교회를 매주 가지 않더라도 카니발, 동네 바자회, 부활절 등 1년 내내 열리는 동네 행사에 참여하면 현지인들과 자연스럽게 어울릴 수 있다. 만일 교회가 부담스럽다면 취미 모임이나 창작 수업, 자원 봉사, 독서 모임, 합창단, 요가, 등산, 명상 등 다양한 모임도 있다. 뿐만 아니라 성인을 위한 우리나라 문화 센터와 비슷한 공공 교육 기관인 폴크스호흐슐러(Volkshochschule)에서는 외국어, 예술, 컴퓨터, 요리, 자기 계발 등 수많은 강좌가 저렴하게 제공된다. 발표 연습 모임이나 직장인 네트워킹, 언어 교환 프로그램, 육아맘 모임 등도 있다.

이것뿐인가? 나는 독일 도서관 시스템을 무척 좋아한다. 슈투트가르트만 해도 근처에 열여덟 개가 넘는 도서관이 있다. 그곳엔 연령별 게임, 다양한 종류책, 잡지, 만화책 등 빌릴 수 있는 매체가 수를 셀 수 없을 정도로 정말 다양하다. 우리 동네 도서관에서는 소셜미디어, 여성 문제, AI 등 다양한 주제의 무료 강연이 열리는데, 나는 시간이 허락하면 강연에 참여한다. 특히 육아 휴직 때 나는 독일어를 진정 느끼고 즐길 수 있었다. 내가 사는 동네 전체를 내 독일어 학원으로 만들어 버리고 난 후 경험한 일이다. 일단 나의 하루는 보통 이렇게 지나갔다. 아침에 10명이 그룹으로 모여 운동하는 피트니스 센터에 가서 다른 멤버들, 트레이너와 이야기한다. 아이가 어린이집 간 사이에 블루투스 이어폰을 끼고 독일 팟캐스트나 범죄 시리즈 드라마를 들으며 집안일을 마친다. 중간중간 어린이집에서 보내온 디지털 알림장을 읽고, 엄마들 채팅 그룹에서 독일어 쓰기를 한다. 점심시간 이후 아이 픽업을 위해 버스를 타는데, 이 시간은 내가 오디오북을 듣는 즐거운 시간이다. 이른 오후에는 마침 동네 문화 센터에서 중고품을 고쳐주는 행사가 있다 하여 갔다가 독일어 듣기와 말하기를 연습한다. 기술자 서비스가 비싼 독일에서는 이런 행사가 특히 유용하다. 주말에는 동네 문화 센터에서 케익과 커피를 같이 나눠먹는 행사도 있고, 매달 한 번씩 동네 주민들에게 영화 상영도 해 준다. 다시 매주 목요일 오후 4시에는 도서관에 간다. 동네 도서관에서 어린이를 위해 책을 읽어주는 날이기 때문이다. 저녁에 자기 전에는 나의 최애 루틴인 무선 이어폰을 끼고 어두운 방에서 오디오북을 듣거나 팟캐스트를 1~2시간 듣는다. 이 시간은 하루 2시간씩 7일을 계산하면 무려 14시간에 달한다. 이 소중한 시간 동안 내가 좋아하는 자서전식 에세이, 명상, 마케팅, 자기계발서 등의 오디오북을 들었고, 육아 휴직 기간에만 100권이 훨씬 넘는 책을 들을 수 있었다. 육아만 하다 보면 웬지 뒤처지는 것 같아서 선택한 방법이었다. 이렇게 시간을 보내면 사실 나의 하루 루틴이 읽기, 쓰기, 말하기, 듣기를 가르치는 독일어 선생님이 돼주는 것이다.

독일어를 즐기면서 배우는 환경으로 만드는 법

01- 종교/문화 시설 활용

→ Kindergottesdienst(어린이 예배)에서 다른 부모와 교제

→ 카니발, 바자회, 부활절 행사

→ 각종 취미 활동: 창작 수업, 자원 봉사, 독서 모임, 합창단, 요가, 등산, 명상 등

02- 공공 시설 200% 활용

→ 시 운영 문화 센터(Volkshochschule): 외국어, 예술, 컴퓨터, 요리, 자기 계발 등 강좌

→ 도서관: 무료 강연 참여 및 연령별 게임, 다양한 종류책, 잡지, 만화책 등

→ 동네 주민 문화 센터: 각종 친목 행사

03- 나의 하루를 독일어 루틴으로(예: 육아 휴직 버전)

→ 오전: 피트니스 센터에서 그룹 운동 + 대화

→ 집안일 시간: 블루투스 이어폰으로 팟캐스트/드라마

→ 버스 이동 시간: 오디오북 듣기

→ 오후: 주민 문화 센터 행사 참여

→ 목요일 오후 4시: 책 읽어주는 목요일 도서관 가기

→ 잠들기 전: 어두운 방에서 오디오북 1~2시간(일주일 약 14시간)

5단계: 하루 죽은 2시간을 살리자

우연히 알게 된 남미 파라과이에서 온 육아 맘의 이야기다. 일하는 엄마들을 위해 마련된 어린이집 도서관에서 일하면서 알게 된 사람이다. 잠시 얘기를 해보니 독일 온 지 5년밖에 안 됐다는데, 발음이며 회화며 마치 독일에서 고등교육을 받은 사람처럼 훌륭했다. 그 비밀을 알고 보니, 입을 열면 말을 멈추지 않는 스타일이었다. 컴퓨터를 켜면서 "오늘은 왜 노트북이 이상하네. 아, 내가 코드를 꽂는 것을 깜빡했네. 오늘은 이쪽에 코드를 꽂아야겠다."라고 하면서 꽂으러 걸어가며 "오늘은 이메일이 얼마나 왔을까?"라고 이렇게 쉬지 않고 혼잣말을 하는 것이다. 자기가 하는 행동, 모든 것을 말로 표현해가며 말과 행동을 동시에 하는 것이었다. 물론 옆 사람은 죽을 맛이지만 이렇게 늘 말하는 것이 습관이 되어, 남과 말을 할 때도 거침이 없었다.

나는 이 상황을 지켜보며 오은영 박사의 영상 한 장면이 떠올랐다. 2명의 엄마와 아이들에 관한 이야기였다. 한 엄마는 음료수를 뽑으러 갈 때 "가자."하고 아이의 손을 잡고 밖으로 나갔다고 한다. 다른 한 엄마는 "애기야. 선생님이 음료수 뽑아 오래. 우리 같이 나갈까? 엄마 손 잡아. 그래 이제 문을 연다. 어 자판기 저기 있네. 뭐 마실까."라며 쉬지 않고 아이에게 말을 건다는 것이었다. 약 5~10분 사이에 일어난 일이지만, 아이에게 노출된 언어의 양은 어마어마하다는 논지였다. 나는 이 파라과이 엄마 행동을 보고 자극을 받았다. 그래서 그 이후 나는 남편이 운전을 하고 내가 뒷좌석에 앉으면, 나도 여러 가지 주제로 계속 독일어 혼자말을 했다. 그리고 아침에 샤워하면서 "오늘 날씨가 어떨까? 비가 올 것 같은데 우산을 챙겨야겠다."라고 말한다. 지하철을 기다리면서는 "저 사람은 어디로 가는 걸까? 오늘 무슨 일이 있을까?"라고 한다. 슈퍼마켓에서 장을 볼 때는 "오늘은 뭘 해 먹을까? 이 토마토가 신선해 보이네."라며 쇼핑 과정을 독일어로 생중계 한다. 이뿐만이 아니다. 병원 대기실에서 기다릴 때 등 오늘 일어났던 에피소드를 혼자 말해볼 기회는 정말 많다. 내가 문법을 틀리든, 발음이 잘못됐든, 어차피 듣는 사람이 없으니 걱정없다. 생각해보면 하루에 '죽은 시간', 즉, 그냥 흘려보내는 시간이 최소 2~3시간이다. 부엌에서 일할 때나 길을 걸을 때, 머리를 말리고 집안 정리를 할 때 등 계산해보면 정말 3시간이다. 만약 이 시간만 회화에 활용해도 매우 흡족한 효과를 얻을 수 있다. 우리는 성인이기 때문에 아이처럼 누군가가 끊임없이 말을 걸어주지 않는다. 하지만 스스로에게 끊임없이 독일어로 말을 걸 수는 있다. 그리고 이것이야말로 가장 안전하고 효과적인 독일어 연습 방법이다. 우리의 목적은 원어민처럼 완벽한 문법과 문장 구성, 발음을 하는 게 아니다. 그저 어제보다 더 나은 나를 만들기 위함이다. 오늘부터 당장 시작해보자. 죽은 시간을 독일어로 말하는 시간으로 바꾸는 순간, 우리의 독일어 실력은 진짜 상상할 수 없을 만큼 향상된다.

하루 죽은 2~3시간을 살리는 방법

→ 핵심 아이디어: 파라과이 출신 육아 맘의 '끊임없는 혼잣말' 습관에서 얻은 영감으로, 일상의 죽은 시간을 독일어 말하기 연습에 활용하는 방법

→ 실천 방법: 샤워할 때, 길 걸을 때, 집안일할 때, 쇼핑할 때 등 하루 2~3시간의 죽은 시간을 독일어 혼잣말로 채우기

→ 장점: 듣는 사람이 없어 부담 없고, 실수해도 괜찮으며, 매일 꾸준히 할 수 있는 가장 안전하고 효과적인 연습법

→ 목표: 완벽함이 아닌 어제보다 나은 오늘의 나를 만드는 것

3.
챗GPT야, 6개월 안에 B2 달성 도와줘

01. 챗GPT랑 발음 연습하기

 그동안 나와 독일어 공부를 한 파트너들은 참 다양했다. 일주일에 한 번씩 만나는 언어 교환 파트너부터 내 작문을 첨삭해주는 선생님, italki 앱에서 만났던 문법 강사, 발음을 교정해주는 언어 치료사, 일상 대화를 나누는 독일 친구들까지, 관리해야 할 사람도 많았고 들어가는 비용도 만만치 않았다. 그런데 챗GPT 시대가 되면서 상황이 완전히 뒤바뀌었다. 이 모든 것을 단 하나의 솔루션으로 해결할 수 있게 된 것이다. 물론 발음 연습도 챗GPT와 가능하다.

 나의 챗GPT와의 발음 연습은 이렇게 진행되었다. "ch2[x] 발음을 연습할 거야. 내가 오늘 일어난 에피소드를 최대한 ch2[x]가 많이 들어간 단어들로 이야기할게. 챗GPT가 끝까지 들어주고 나중에 내 발음에 대해 피드백을 줘."라는 식으로 활용했다.

> "Heute möchte ich mit dir die CH2-Aussprache üben. Ich erzähle dir, wie ein Tagebuch, was ich heute gemacht habe, mit möglichst vielen Wörtern mit CH2. Bitte unterbrich mich nicht und höre bis zum Ende zu. Danach gib mir bitte das Feedback zu meiner Aussprache."
> 🎤 01:34
>
> Natürlich, ich werde aufmerksam zuhören und dir danach Feedback geben. Du kannst gerne anfangen, wenn du bereit bist.
>
> "Wir gehen, wir gehen nach dem Kino, na, wir gehen nach dem Kino noch essen."
> 🎤 00:07
>
> Das war schon besser! Die Betonung bei „nach dem Kino" war gut. Du kannst das „noch essen" auch ein bisschen hervorheben, um zu betonen, dass ihr nach dem Kino noch etwas macht. Aber insgesamt klingt es schon sehr gut!

이미지 11 – 챗GPT와 발음 연습(회색 상자 저자, 아래는 챗GPT)

출처: 챗GPT (OpenAI)

그러면 챗GPT는 마치 개인 발음 코치처럼 "nach dem Kino 부분의 ch2[x]는 좋았는데, noch essen 부분의 ch2[x]는 더 연습해봐."라는 피드백을 준다. 이런 식으로 나는 챗GPT와 대화하거나, 녹음기에 내 목소리를 담아 일주일에 1가지 발음만 집중 공략했다. 그리고 ch2[x]가 어느 정도 손에 잡히면 다음 주는 애 슈바로 넘어갔다. 물론 챗GPT가 언어 치료사만큼

세밀한 피드백을 줄 수는 없다. 그래서 녹음기로 내 목소리를 직접 듣는 것이 필수다. 자신의 발음을 객관적으로 들어보는 순간, '아, 이게 문제구나!' 하고 깨닫게 된다.

이 방법으로 계속 연습하다 보니 놀라운 일이 일어났다. 내 발음에 자신감이 생긴 것이다. 심지어 내 귀에 들리는 내 독일어 발음을 좋아하기 시작했다. 하지만 진짜 도전은 3단계에서 시작됐다. 1단계에서 문제 발음이 들어간 단어를 연습하고, 2단계에서 준비된 문장을 연습하는 건 쉬웠다. 하지만 마지막 3단계 프리 토킹은 완전히 다른 차원이었다. 대본 없는 자유로운 대화에서는 여전히 발음이 틀리는 경우가 빈번했기 때문이다.

그래서 나는 방법도 동원해 보았다. 녹음기를 준비하고 챗GPT와 실전 같은 롤플레이를 시작한 것이다.

나: 내가 약국에 가서 아이 기침약을 사는 것처럼 너와 같이 롤플레이를 할거야. 난 손님이고 넌 약국 직원이지. 그리고 말할 때 이번엔 문장 리듬(Satzrhythmus: 억양, 강세, 문장 리듬)을 잘 듣고, 나중에 피드백을 줘.

챗GPT: 알았어.

이렇게 꼬리에 꼬리를 물다 보면, 챗GPT와 한 시간 이상 발음 연습을 할 수 있다. 챗GPT와 말하기 연습이나 문법 공부, 쓰기, 읽기 연습을 하다 보면 독일어 선생님보다 훨씬 뛰어나다는 생각이 든다. 하지만 발음은 아직까지 다른 영역에 비해 아쉬운 점이 있다. 내 발음에 관한 피드백을 주는 점에서 전문적이지 못하기 때문이다. 다만 챗GPT의 정확한 발음을 듣고 배울 수 있다는 점은 큰 장점이라고 할 수 있다.

- 나만의 발음 교정 시스템 만들기: 특정 단어 발음 연습 → 준비된 문장 연습 → 롤플레이 프리 토킹 연습
- 핵심 도구: 녹음기 + 챗GPT 조합으로 객관적 발음 점검
- 결과: 발음 자신감 획득, 내 독일어 발음을 좋아하게 됨
- 실전 활용법: 약국 방문 등 일상생활에서 실제 천천히 말/발음해 보기
- 한계: 세밀한 발음 피드백은 아직 부족

02. 챗GPT랑 말하기 연습

챗GPT랑 대화를 할 수 있다는 것은 마치 꿈만 같다. 예전처럼 언어 교환 파트너를 만나러 가지 않아도, 말 한 번 더 해보기 위해 원어민을 찾아 헤매지 않아도 돼서 정말 행복하다. 챗GPT가 쏟아내는 고급 단어와 관용어구, 정확한 발음을 듣고 있으면 어쩔 땐 닭살이 돋을 때도 있다. '독일어 선생님 종합 선물 세트' 같다는 느낌을 받기 때문이다. 이렇게 흥분된 마음으로 나는 매일 챗GPT에게 그날 있었던 일을 마치 일기를 쓰듯이 이야기해 준다. 예를 들어 "오늘 나랑 이런저런 얘기나 하자(Lass uns quatschen)."라고

상황 설명을 하면 챗GPT가 알아서 잘 맞춰준다.

나: 어젯밤에 딸 소피가 전혀 못 잤어. 밤새 기침을 했거든. 낮에 기침약도 여러 번 먹고, 다른 민간요법도 시도해봤는데 전혀 효과가 없어. 뭐 다른 방법 있을까?

(Heute Nacht hat meine Tochter überhaupt nicht geschlafen, weil sie ununterbrochen gehustet hat. Tagsüber hat sie mehrmals Hustensaft genommen und auch andere Hausmittel ausprobiert. Aber es hat überhaupt nicht geholfen. Was kann ich noch machen?)

챗GPT: 아이가 그렇게 많이 기침할 때는 참 힘들지. 기침약이 효과가 없다면, 혹시라도 심각한 원인이 있는 건 아닌지 의사에게 진료를 받아보는 것도 좋을 것 같아. 따뜻한 음료나 꿀도 진정 효과가 있을 수 있지만, 아이의 나이에 따라 다르니 주의해야 해. 딸 소피가 몇 살이지?

(Das klingt wirklich anstrengend. Es ist schwer, wenn Kinder so viel husten. Wenn der Hustensaft nicht hilft, könnte es sinnvoll sein, einen Arzt aufzusuchen, um sicherzugehen, dass nichts Ernsthaftes dahintersteckt. Warme Getränke oder Honig können auch beruhigend wirken, aber das hängt vom Alter deines Kindes ab. Wie alt ist deine Tochter?)

나: 3살. 지금 꿀을 먹어도 되나?

(Ja, meine Tochter ist drei Jahre alt und kann sie jetzt Honig nehmen?)

챗GPT: 보통 3살이면 꿀 먹을 수 있어. 잠자기 전에 꿀 한 스푼을 먹이면 기침을 진정시키는 데 도움이 될 수 있는데 너무 많이 먹지 않도록 주의해.

(Mit drei Jahren kann sie in der Regel Honig nehmen. Ein Löffel Honig vor dem Schlafengehen kann beruhigend wirken. Achte aber darauf, dass sie nicht zu viel davon nimmt……)

이렇게 매일 챗GPT랑 자연스러운 대화가 가능하다는 것은 기쁜 일이 아닐 수 없다. 챗GPT와의 대화를 통해 또 느낀 점은 챗GPT가 단어 강세를 오바한다 싶을 만큼 심하게 두면서 발음하고 있다는 점이다. 위의 대화에서 본 **AUF**zusuchen, **SICHER**gehen, **A**Lter, **ACH**te darauf… 등 독일어 단어의 강세가 얼마나 중요한지 다시 한번 깨닫게 되는 순간이다.

+ 편리함: 언어 교환 파트너 찾기 등의 번거로움 해결
+ 완벽한 학습 파트너: 고급 단어, 관용어구, 정확한 발음을 제공하는 '독일어 선생님 종합 선물 세트'
+ 일상 대화 연습법: 매일 일기 쓰듯 챗GPT에게 하루 있었던 일 자연스럽게 이야기
+ 추가 보너스: 대화 후에 나와 챗GPT가 나눴던 문자 내용을 보며 읽기 연습까지

03. 챗GPT랑 쓰기 연습

앞서 언급한 적이 있듯이 쓰기 연습에서 중요한 것은 틀리더라도 이 순서를 지키는 것이다. 내 스스로 독일어로 문장 쓰기 → 챗GPT로 확인 → 챗GPT와 틀린 이유 검토 및 이해하기(능동형 쓰기). 만일 먼저 챗GPT에게 물어보고, 이것을 암기한다면 수학 문제를 푸는 법을 모르고 답만 달달 외우는 것과 동일하다.

예를 들어 나는 내가 주위에서 자주 듣는 말인 "딸이 아빠를 닮았네요."라는 말을 'Ich höre oft, dass sie nach ihrem Papa ähnelt'라고 먼저 써 보았다. 그리고 나서 챗GPT에게 확인해 보니

→ nach은 ähnelt과 같이 쓰이지 않는 전치사야. 그래서 nach을 빼고 "딸이 아빠 닮았다는 소리 많이 들어(Ich höre oft, dass sie ihrem Papa ähnelt)."라고 말해야 해

→ 위 표현보다는 일상적으로 독일 사람들은 "딸이 아빠 닮았다고들 많이 해(Viele sagen, sie sieht ihrem Papa ähnlich)."라고 해

→ 더 감성적이고 구어체 느낌으로 이런 말도 자주 해. "얘 완전 아빠 판박이야!(Sie kommt ganz nach ihrem Papa!)."

그러면 나는 다시 "왜 애 완전 아빠 판박이야(Sie kommt ganz nach ihrem Papa)가 감성적이지?"라고 묻고, "kommt ganz nach 이 표현은 단순히 닮았다를 넘어서 성격, 습관, 분위기까지 닮은 걸 포함해."라는 대답을 듣는다. 나는 이메일, 학부형 채팅방, 친구들과 문자, 중고 물품 판매를 위해 독일어 문장을 쓸 때는 반드시 이런 능동형 쓰기를 실천하고 있다. 주변에서 중고 물품을 판매할 때 한국말로 써서 한인 중고 웹사이트나, 한인 커뮤니티 사이트를 사용하는 경우도 있다. 하지만 독일어를 공부하고 싶다면, 따로 시간 낼 필요 없이 일상 생활에서 독일어로 써보고 습득하는 것을 권하고 싶다. 그러면 나중에 독일인이 우리집에 물건 픽업을 오면 그 때 독일어 한마디라도 더 하게 된다.

> + 3단계 능동형 쓰기 원칙: 독일어 문장 작성 → 챗GPT로 확인 → 틀린 이유 검토 및 이해
> + 핵심 원칙: 답을 먼저 물어보고 암기하는 것은 수학 답안 달달 외우기와 동일한 오류
> + 일상 활용법: 이메일, 학부형 채팅, 친구 문자, 중고 물품 판매글 등 실생활 독일어 작성
> + 실전 연계 효과: 독일인과의 실제 만남에서 자연스러운 독일어 대화 연결

04. 챗GPT와 문법까지

나는 사실 독일 문법을 교재로 배워본 적이 없다. 맥락 없이 문법책만 읽는 것은 나에게 맞지 않았다. 그래서 내가 선택한 방법은 바로 이것이다. 내가 하루에 접하는 매체로는 이메일, 우편물(독일은 아직도 70년대 커뮤니

케이션 중), 어린이집 통신문, 식료품 포장지, 문화/주민 센터에서 받아오는 브로슈어, 길거리 광고물 등 셀 수 없이 많다. 이 모든 것은 나의 문법 선생님들이다. 여기에 나오는 문장의 문법과 관련해서 질문이 생기면, 나는 그때 문법책을 찾아서 그 해답을 찾아 보았다. 그런데 지금은 챗GPT에게 "왜 이렇게 쓰였지?"라고 물어보고 확인한다. 이런 식으로 공부하다 보면 사실 독일어 문법은 A1~C1까지 거의 모든 내용을 체계적으로 아주 빨리 배울 수가 있다.

아래 문장은 소피가 다니는 어린이집에서 받은 통신문 글 중 일부 내용이다. 이 글을 통해 나는 새로운 관용어구 '지나치게 많아지다(etwas nimmt Überhand)'라는 표현과 'mit welchem vs mit dem'의 차이도 배웠다.

어린이집 통신문 글 중 일부

안타깝게도, 아이들이 집에서 가져오는 장난감이 너무 많아지고 있어요. 아이들이 가져온 인형, 자동차, 스파이더맨 때문에 서로 다투고 서로 나눠 쓰지도 않고 사라지는 경우도 생깁니다…. 저희 키타(어린이집)에는 아이들이 하루 종일 재미있게 놀 수 있는 장난감이 충분히 있습니다.

> (Leider **nimmt** die Flut von mitgebrachtem Spielzeug **Überhand**. Diese mitgebrachten Puppen, Autos, Spidermens etc. führen dazu, dass Kinder sich darum streiten, nicht teilen, dass diese verschwinden… Unsere Kita hat genug interessantes **Material, mit welchem** man den Tag verbringen kann…)

나는 챗GPT에게 "왜 mit welchem(영어의 관계 대명사 with which 와 같은 기능)을 썼어? mit dem이라고 쓰면 안 돼?"를 묻고 아래 대답을 받는다.

- 공식 문서 표현에는 'mit welchem'을 쓰는 게 자연스러워. Das Material, **mit welchem** man den Tag verbringen kann(하루 종일 가지고 놀 수 있는 물건) O
- 그런데 일상 대화에서는 mit dem라고 써. War das das Fahrrad, **mit dem** du zur Arbeit fährst(그 자전거, 네가 회사 갈 때 타는 거 맞지)? O
- 그런데 일반 대화에서 mit welchem은 너무 격식적이라 사용 안 해. Ist das das Auto, **mit welchem** du gekommen bist(이게 네가 타고 온 차야)? X

또 친구랑 문자를 주고 받으며 내가 쓴 문장을 챗GPT와 확인할 때이다. "그 친구 비어가든에 있어(sie ist im/in dem Biergarten)."라고 할 때

"왜 auf를 안 쓰고 in을 써야 하지?"라고 하며 "그 친구 놀이터에 있어(sie ist auf dem Spielplatz).이런 말할 때는 auf를 쓰잖아."라고 묻는다. 그러면 auf는 오픈된 장소(놀이터 auf dem Spielplatz)이고 in은 닫힌 장소(비어가든 in dem Biergarten)라고 나에게 설명해준다. 그러면 나는 또 다시 "독일에선 비어가든이 막혀있지 않고 광활하게 오픈된 넓은 들판에 있잖아. 그리고 독일 놀이터 중에 칸막이로 닫혀진 곳도 많아."라고 물어본다. 그러면 챗GPT는 다시 "놀이터(Spielplatz)는 사람들이 그 안으로 들어가서 움직이거나 놀기 위해 사용하는 열린 공간으로 인식되고, 비어가든(Biergarten)은 일반적으로 닫힌 공간처럼 인식돼."라고 설명한다. 이런 챗GPT와의 문법 공부는 모르는 수학 문제를 마치 해결해 나가는 것처럼 희열을 느낄 정도가 되었다. 나는 가끔 심심하면 "B2 수준의 빈칸 채우기 문법 문제 다섯 개 내 주세요!"라고 해서 빈칸을 채우는 문법 게임을 하기도 한다. 마침내 나는 독일어 문법 공부와 사랑에 빠지게 되었다.

+ 일상이 문법 교재: 일상 매체(이메일, 우편물, 어린이집 통신문, 식료품 포장지, 광고물 등) 활용
+ 맥락 중심 학습: 일상 생활에서 의문점 발생 시 문법 교재 및 챗GPT로 확인
+ 체계적 완성: A1~C1 레벨의 모든 문법 내용을 빠르고 체계적으로 습득 가능
+ 게임화 학습: B2 수준 문법 빈칸 채우기 등 재미있는 학습 가능

05. 챗GPT랑 읽기 연습

예전에 나는 매주 일요일 아침 10시라는 시간을 정해 놓고 1시간에 15유로를 주며 언어 교환 파트너와 경제 신문 읽는 연습을 했다. 그런데 요즘은 이 일을 챗GPT와 한다. 공부를 하다 보니 언어 교환 파트너와 읽기를 할 때보다 경제적으로나 배우는 결과물을 따졌을 때 훨씬 좋은 결과를 내고 있다. 그 구체적인 방법은 이렇다. 먼저 내가 구독해서 읽고 있는 비어트샤프트보허(Wirtschaftswoche) 주간지를 받아보면, 가장 관심이 가는 한 기사만 고른다. 한번은 아일랜드에 관한 기사를 읽었다. 읽기 전에 챗GPT에게 "내가 이러 이러한 기사를 읽을 거야. 방해하지 말고 끝까지 들어줘. 그리고 내가 읽을 때 내 발음을 체크해서 문제되는 발음을 나중에 지적해줘." 라고 하고 나서 읽는다.

>> Wirtschaftswoche 기사 일부 번역본 <<

1980년대까지도 아일랜드는 유럽의 빈국으로 여겨졌다. (빈민국을 부자의 나라로 변화시킨) 그 아일랜드의 성공 모델은 수십 년 전부터 국제 기업들을 유치하는 데 기반을 두고 있다. 국제 기업들에게는 15%라는 낮은 법인세율, 그리고 안정적이면서 경제적인 정책뿐만 아니라 영어를 구사하는 고급 인력 제공 등을 무기로 삼았다. 아일랜드 법인세 수입의 약 절반이 단 열 개의 국제 기업에서 거둬지는데, 그중 대부분은 미국계 테크 혹은 제약 대기업들이다. 그런데 가난했던 아일랜드를 부자로 만든 이 성공 모델은 미국에게 지나치게 의존하고 있고, 이는 장기적으로 봤을 때 결코 안전한 것만은 아니다.

Wirtschaftswoche 기사 일부 원본

Noch bis in die 1980er-Jahre hinein galt Irland als Armenhaus Europas[...]. Das Erfolgsmodell Irlands besteht seit Jahrzehnten daraus, internationale Konzerne anzulocken- mit niedrigen Unternehmenssteuern von 15 Prozent für internationale Konzerne, aber auch mit einer stabilen, wirtschaftlichen Politik und gut ausgebildeten, Englisch sprechenden Arbeitskräften[...]. Das Problem dieses Geldsegens besteht darin, dass er die Form eines Klumpens besitzt: Etwa die Hälfte der Körperschaftsteuereinnahmen stammt von gerade einmal zehn internationalen Unternehmen. Viele davon Tech- oder Pharmakonzerne aus den Vereinigten Staaten. "Irland ist stark von seinen Verbindungen mit den USA abhängig", "Das irische Modell ist verwundbar."

이렇게 기사를 읽고 나면 이제 진짜 재미있는 일이 시작된다. 일단 매일 크게 읽는 연습을 계속하다 보니 실제 원어민과 대화를 할 때도 당당해진다. 더 중요한 건 단어나 숙어와 관련해서 바로 바로 질문을 할 수 있다는 점이다. 예를 들어 "verwundbar(취약한)의 유사어를 말해줘. 그리고 verwundbar에서 d가 중간에 있는데 발음 같이 연습하자. 이 기사에 나온 bestehen daraus(~으로 구성되다)는 진짜 중요한 단어인데 내가 일상 생활에서 쓸 수 있게 몇 가지 예시문을 부탁해."라고 말한다.

여기서 끝이 아니다. 기사를 읽고 나서는 기사 이외의 내용 중 궁금했던 내용을 계속 챗GPT에게 물어보며 대화를 이어간다. "왜 아일랜드는 80년대까지 그렇게 가난한 국가였지?", "어떻게 이 가난했던 나라가 지금은 유럽에서 제일 부자 국가 중 하나가 됐지?", "강한 리더 1명이 결정한 것이 아니고, 여러 명의 정치인들이 힘을 합쳐 이 아일랜드 모델을 결정한 거야? 다른 업계도 많은데 왜 하필 테크 회사와 제약업계를 자국으로 끌어들인 거지?" 등 독일어로 챗GPT에게 질문하다 보면 우리의 독일어 대화는 끝이 없다.

다만 읽기 연습을 할 때는 반드시 본인이 관심 있고 호기심을 유발하는 글들을 골라야 재미가 붙고 실력도 향상된다. 나 같은 경우, 이 기사가 특별히 흥미로웠던 이유가 있다. 왜 기존 회사가 제약 회사에게 소프트웨어를 제공하는 회사를 인수했는지, 그리고 왜 본사에서 아일랜드 마케팅 팀 멤버에게 특별 대우를 해주었는지에 대한 궁금증이 폭발했기 때문이다. 결국 챗GPT와의 읽기 연습은 마법 같은 반응을 일으킨다. 크게 읽기를 시작으로 발음 체크, 단어/숙어 관련 질문, 기사 내용을 질문하고 함께 토론하기까지 이어지는 것이다.

- 핵심 성공 요인: 호기심 유발 주제 선택이 학습 지속성 결정
- 언어 학습 심화: 발음 교정, 단어 학습, 핵심 표현 일상 활용법 질문
- 확장 토론: 기사 내용 바탕 심화 질문 및 개인 경험과 연결하여 무제한 대화
- 종합 효과: 읽기→발음→어휘→토론의 단계적 진행으로 경제적·학습적 효율성 극대화

챗GPT의 등장은 독일어 학습에 혁신적인 변화를 가져왔다. 지금 당장 챗GPT에게 "6개월 내에 독일어 B2 달성 계획표 작성해줘. 내가 하루에 공부할 수 있는 시간은 얼마이며, 우선순위는 무엇이야."라고 말해보자. 그리고 앞장에서 작성한 나만의 맞춤형 계획표와 챗GPT가 제안한 이 내용을 조합해 보자. **이제 6개월 독일어 B2 달성은 충분히 현실적인 목표가 된다.**

Special Tip 2:
독일어 공부, 이 조합이면 충분해!

이 장에 소개되는 내용 이외에 추가적인 독일어 마스터 방법은 PART 1의 '회사는 나의 가장 특별한 어학원'의 내용을 참고할 수 있다.

01. 발음

누구와 발음 교정을 하든지, 최소 한 번은 내 발음을 녹음해서 발음 전문가나 이 분야를 잘 아는 현지인에게 정확한 피드백을 받아 보는 것이 핵심이다. 그 후 배운 내용을 바탕으로 혼자서 규칙적으로 녹음 → 듣기 → 교정의 사이클을 반복하면, 발음은 놀랍도록 빠르게 개선된다. 여기서 기억하자! 우리의 목표는 원어민 100% 싱크로율이 아니다. 우리가 발음 연습을 하는 목적은 내 억양을 자연스럽게 만들고, 상대방이 내 말을 명확하게 알아듣게 하는 것이다.

유튜브 방송에서 발음을 배우는 데 추천하고 싶은 선생님으로는 세 분이 있다. 첫 번째는 @richtigdeutschsprechen이다. 언어 치료사(Logopädin) 출신 강사가 직접 운영하며, 체계적이고 전문적인 발음 교정 강의를 제공한다. 녹음, 쉐도잉(따라 말하기), 반복 훈련 등 실질적이고 체계적인 발음 훈련법을 활용한다. 강사의 목소리가 매우 안정적이고, 부드럽고 온화한 분위기로 진행되어 학습자가 편안하게 따라 할 수 있다. 두 번째는 @DeutschMitBenjamin이다. 다양한 매체를 활용한 독일어 발음 강의가 인상적이다. 앙겔라 메르켈, 유명인 인터뷰, TV 쇼 클립, 뉴스 방송 등 실제 미디어 콘텐츠를 예시로 활용한다. 실제 독일 사회에서 쓰이는 자연스러운 발음과 억양, 표현을 배울 수 있다. 실제 독일 방송, 뉴스, 인터뷰를 통해 일상적이고 실용적인 독일어 발음을 익힐 수 있다는 점이 추천 포인트다. 세 번째는 @sprichschoen이다. 다양한 유튜브 쇼츠(짧은 영상)를 활용한 독일어 발음 강의가 특징이다. 억양, 발음, 자신감 향상에 초점을 맞춘 내용을 제공하며, 짧은 영상을 통해 핵심적인 발음 포인트를 반복적으로 학습할 수 있다. 이러한 비디오로 바쁜 일상 속에서도 쉽고 재미있게 독일어 발음을 연습할 수 있다.

02. 단어

　한국에서 영어 공부를 해본 사람이라면 누구나 접두사(prefix) + 어근(root) + 접미사(suffix)를 통한 단어 공부 경험이 있을 것이다. Transportation을 예로 들면, trans(넘어, 이동) + port(나르다) + ation(명사형 접미사)로 분해할 수 있다. 나는 중/고등학교 시절 이렇게 외운 단어들을 모두 기억하고 있다. 독일어 단어 학습에도 이 방법이 놀라울 정도로 효과적이다. 독일어 Tragen(나르다, 옷 입다, 책임지다)을 중심으로 살펴보자. 접두사 er-는 '끝까지 완수'를 나타낸다. 그래서 ertragen(견디다)이 되고, Vertrag는 계약(함께 짊어지는 약속), Ertrag는 수익(결과적으로 얻는 것), tragfähig는 감당 가능한, Tragweite는 파급력을 의미한다. 내친김에 여기서 배운 er-를 또 상기시켜 보자. raten은 정답을 모를 때 추측하다 또는 조언하다를 말한다. 그런데 접두사 er-가 '끝까지 완수'를 뜻하므로 erraten은 '정답 결과를 맞춰내다'를 의미한다. 이런 식으로 하다 보면 마치 퍼즐 조각을 맞추는 기분이 든다!

　그런데 단어의 뉘앙스 차이까지 마스터하려면 어떻게 해야 할까? 나는 요리할 때 〈Deutsch mit Rieke〉라는 유튜브 채널을 틀어놓고 듣는다. 이 방송의 매력은 하나의 단어에서 파생된 여러 단어들의 미묘한 차이를 속 시원하게 알려준다는 점이다. 이를테면 wirken(작용하다)만 봐도

bewirken(야기하다), erwirken(성취하다), auswirken(영향을 미치다), einwirken(개입하다), mitwirken(협력하다), nachwirken(지속적 영향), verwirken(상실하다) 등 수많은 파생어들을 문장과 함께 배울 수 있다. 같은 뿌리, 다른 뉘앙스를 배우기에는 좋은 방송이다.

C1/C2 수준을 노린다면 〈**auf deutsch gesagt**〉 팟캐스트를 추천한다. 고급 관용어구와 단어가 쏟아지고, 매회 방송 끝에는 독독사전 수준의 상세한 설명까지 덤으로 얻을 수 있다. 웹사이트에서 스크립트도 다운로드 가능하니 금상첨화다. 그런데 진짜 숨겨진 보석은 일상에 숨어있다. 좋은 예로 아마존에서 물건 주문할 때 제품 설명과 리뷰를 독일어로 읽어보자. 이것만으로도 독일어 단어와 문장 공부는 해결 가능하다. 유튜브도 마찬가지다. 쓰레기 봉투 하나를 버리는 짧은 영상 하나에서도 뚜껑 열기(Deckel öffnen)에서 시작해서 쓰레기 봉투 꺼내기(Müllbeutel herausnehmen), 묶기(zuknoten), 밖으로 가져가기(nach draußen bringen), 버리기(entsorgen), 새 봉투 넣기(neuen Beutel einsetzen)까지를 바로 배울 수 있다. 이것과 더불어 길거리 공사장 팻말, 버스 광고, 전단지, 이메일, 관공서 편지, 이웃과의 대화까지. 책에서 따로, 맥락에서 따로가 아닌 그날 그날 '만나는' 모든 독일어를 내 것으로 만드는 것이 최고의 단어 공부법이다.

03. 듣기

인기 있는 듣기 학습을 위한 주요 팟캐스트는 아래 방송이 있다. 이외에도 전공/업무 관련 팟캐스트도 관련 키워드를 이용해 찾을 수 있다(예: 디지털 마케팅, Social Media 등).

표 4 – 듣기 학습을 위한 주요 팟캐스트 방송 (독일어 A1~ C1)

팟캐스트 이름	주요 특징 및 장점
Wirtschaft (Deutsche Welle)	독일 경제 정치를 알아듣기 쉬운 표현으로 방송
Alltagsdeutsch (Deutsche Welle)	도시 생활, 직업, 전통, 현대 사회 문제, 독일의 명소, 문화적 현상 관련. 해당 웹사이트에서 오디오 스크립트, 단어 해설, 연습 문제 제공
Easy German	실제 독일 거리 인터뷰, 일상 회화, 문화, 유머. 유튜브와 연계, 유료로 스크립트 제공. 멤버십 혜택. 최근 발음 및 회화 연습을 위한 앱(Seedlang)도 제공
Slow German	천천히 또박또박 읽는 독일어. 다양한 주제(역사, 문화, 사회). 스크립트 제공. 프리미엄 학습 자료
Was jetzt (ZEIT)	최신 정치, 경제, 사회, 문화, 국제 이슈 등 독일과 세계 주요 뉴스를 신속하게 전달. 각 회차는 10~60분 내외로, 출퇴근 등 짧은 시간에 듣기에 적합
Aha! Zehn Minuten Alltags-Wissen	10~15분 내외. 건강, 심리, 생활 습관, 미디어, 환경 등 실생활에 유익한 정보
Auf Deutsch gesagt	다양한 주제 인터뷰, 독일어 원어민의 자연스러운 대화. 스크립트 제공

KBS World Radio Nachrichten Deutsch	최신 한국 정치, 경제 뉴스를 독일어로 보도
ZEIT VERBRECHEN	실제로 일어난 다양한 범죄 사건 들려줌. 스토리텔링으로 듣는 내내 긴장감. 독일 최고의 True Crime 팟캐스트로 주요 플랫폼에서 Top 5
Aktenzeichen XY	50년 이상 방송된 최고 인기 TV 방송 <Aktenzeichen XY... Ungelöst> 을 바탕. 실제 사건을 기반한 스토리텔링 형식으로 몰입도 높음
오디오북	스트리밍 형식으로 구독하여 원하는 책을 마음껏 읽을 수 있음. 테스트 듣기나 조금 듣고 나와 맞지 않을 경우 구매 취소도 가능.
독일 주요 방송	ZDF, ARD 방송 앱으로 다시 보기, 원하는 장르 필터가 가능하고 자막 보기 가능

04. 말하기

　말하기는 취업/직장 업무와 아이 육아, 즉 현지에서 행복하게 살기 위한 가장 중요한 도구다. 이를 위해 앞서 언급한 '하루 죽은 2시간을 살리자' 편 내용을 다시 상기시키고 싶다. 말을 최대한 많이 하기 위해 다양한 모임을 활용하는 것이 핵심인데, 독일에서 현지인을 만날 수 있는 대표 모임으로는 다음이 있다.

표 5 – 현지인과의 사교를 위한 다양한 모임(육아 맘, 직장인, 학생 대상)

모임	설명
육아 맘 모임(Eltern-Kind-Zentrum. 예: EKiZ, MüZe 슈투트가르트 – 이 장소들은 본 저자가 KBS, EBS를 통해 소개 한 바 있음)	모임 찾는 법: 도시명 + Eltern-Kind-Zentrum/Zentren로 검색. 키즈 카페 형식이며 0~12개월 아이를 위한 다양한 프로그램과 1~3살 아이들의 문화 시설이 무료로 제공.
Freizeit(여가), Freundschaft(우정), gemeinsam erleben(함께 경험하기) 등으로 인터넷 검색	예: Freizeit-Club, GemeinsamErleben 모임 등
취미 모임. 예: 그룹 운동(Kleingruppen-training), 사진 촬영, 등산, 수영, 그림, 합창단, 댄스, 요가 등	독일어 학습에 실질적이고 즐거운 경험을 제공
각 도시 문화/교육 센터(Volkshochschule)	뜨개질, 요리, 메이크업, 언어, 컴퓨터 등 저렴한 비용으로 참여 가능

자원 봉사(Freiwilliges Engagement und Ehrenamt)	각 도시 자원 봉사 지원
교회, 어린이 예배 교회	기독교 국가답게 독일에는 집 근처에 교회가 있고 행사가 많음
자녀 유치원/학교 부모들과 모임	정기적인 모임과 행사 참여를 통해 다른 학부모와 독일어로 대화
셀프 헬프 그룹(Selbsthilfegruppen & Initiativen)	같은 고민 거리가 있는 사람들의 모임
발표 연습 모임(Toast master)	직장 내 커뮤니케이션 능력 향상 및 네트워킹 기회 제공
각 도시의 직장인 모임(Meetup 등 외국인·현지인 모임)	직장 내 커뮤니케이션 능력 향상 및 네트워킹 기회 제공
독서 모임(Lesekreis/Literaturkreis)	문화적 교류 기회 제공
탄뎀(Tandem 언어 교환)	다양한 국적과 문화 교류 및 언어 능력 향상
nebenan.de 앱을 통해 지역 커뮤니티와 소통	내 집 우편 번호를 기입하면 이웃과 정보 공유, 질문, 도움 요청, 추천, 일상 대화 등 다양한 주제로 소통할 수 있음. 중고 물품 거래, 무료 나눔, 플리마켓, 공동체 모임, 자원 봉사 등

05. 읽기

나는 미니멀리스트로 살아가면서 책을 사지 않고, 동네 도서관을 적극 활용한다. 내 책부터 아이 책까지 모두 도서관에서 빌려 읽는다. 특히 게임을 빌려 매뉴얼을 읽는 재미도 쏠쏠하다. 아이와 함께 보드게임을 하기 전에 독일어 설명서를 읽으며 자연스럽게 독일어 독해 실력을 키우고, 동시에 새로운 어휘도 배운다. 아이와 함께 읽는 책, 내가 관심 있는 소설, 논픽션, 학습서까지, 도서관은 내 삶에 꼭 필요한 다양한 책을 언제든 제공해준다.

더 놀라운 점은, 같은 도서관 회원증으로 Onleihe 앱도 사용할 수 있다는 것이다. Onleihe는 온라인 도서관으로 전자책, 오디오북, 잡지, 신문, 영상 자료 등 다양한 디지털 콘텐츠를 무료로 제공한다. 여기서 제공하는 책은 학습서, 아동 도서, 소설, 논픽션 등 폭넓은 장르와 주제로 구성되어 있다. 특히 밤에 아이가 잠든 후 침대에서 오디오북을 들으며 하루를 마무리하는 시간이 내겐 큰 즐거움이다. 또한 Onleihe로 링크드인(LinkedIn)의 다양한 온라인 강좌를 무료 수강하고 자격증을 취득해 내 프로필에 추가할 수 있다. 직장인에게는 최고의 혜택이다!

독일어 읽기 거리는 일상 생활에도 얼마든지 찾을 수 있다. 버스 안에서 또는 길거리에서 지나다니며 간판, 광고물, 공공 안내문을 눈에 불을 켜고 읽을 수 있다. SNS는 어떤가? 나는 ZDFheute와 Tagesschau가 인스타그램에서 카드 뉴스 형식으로 전하는 독일 주요 뉴스도 꼼꼼히 챙겨본다. 짧고 직관적인 뉴스 카드 덕분에, 복잡한 이슈도 쉽게 이해할 수 있다. 한국인에게는 KBS World German 앱도 유용하다. 한국 정치, 경제 뉴스, K-문화를 독일어로 읽을 수 있어서, 익숙한 주제를 독일어로 접하며 어휘력과 독해력을 동시에 키울 수 있다. 독일 상장 회사(DAX 40) 회사들의 동향을 살피고 싶다면, 한들스 블랏(Handelsblatt) 신문을 추천한다. 그 밖에 쥬트 도이춰 차이퉁(Süddeutsch Zeitung), FAZ 신문은 독일에서 제일 많이 읽히는 신문이다.

PART 3.
나만의 독일 취업 로드맵 그리기

1.
10명의 다른 독일 스토리

✦

　한때 독일 코트라(KOTRA) 취업 멘토로 활동하면서, 그리고 나중에 독일 취업 멘토로 일대일 상담을 하며 정말 다양한 한국인들을 만났다. 이들의 이야기를 들으면서 느낀 것은 모두 독일에 오게 된 계기도 제각각이고, 정착 과정도 저마다 다르다는 것이었다. 어떤 이는 안정적으로 뿌리를 내렸고, 어떤 이는 여전히 고군분투 중이며, 또 어떤 이는 결국 한국으로 돌아가기도 했다. 여기서 실패와 성공은 없다고 생각한다. 모든 경험은 각자만의 특별한 스토리가 되고, 그 과정에서 발견하는 나 자신이 진짜 보물이기 때문이다. 본 파트에서는 이 중에서 10명의 생생한 이야기를 골라 소개한다. 다른 사람의 정착 이야기는 단순한 정보 전달을 넘어서 독일 생활에 대한 현실 감각을 키워주고, 나만의 길을 찾을 수 있는 나침반 역할을 해줄 것이다. 그리고 이 여러 이야기 속에서 나만의 독일 취업 로드맵이 그려질 것이다. *개인정보 보호를 위해 가명 사용

01. K-Move로 첫 도전한 미진 씨
- B1으로 시작한 회사 생활

미진 씨는 한국에서 대학을 갓 졸업하고 회사 경험 없이 과감하게 독일행을 결정했다. 해외 취업을 알아보던 중 우연히 발견한 K-Move 프로그램이 미진 씨의 운명을 바꿨다. K-Move는 코트라와 한국산업인력공단이 지원하는 프로그램으로, 현지 채용 연계와 멘토링은 물론 정착금까지 지원해 준다. 미진 씨에게는 그야말로 최고의 출발점이었다. 그런데 현실은 그렇게 만만하지 않았다. 한국에서 미리 독일어 B1까지 준비해온 그녀였지만, 첫 회사에서 가장 큰 벽은 역시 독일어 소통이었다. "독일이 본사인데도 모든 업무, 회의는 독일어로 진행됐어요. 제가 완전 초년생이라 회의 끝나고 살짝살짝 영어로 다시 물어보는 것이 가능했지, 안 그랬으면 정말 어려웠을 거예요." 곧 첫 번째 시련이 찾아왔다. 첫 회사에서 계약 연장이 되지 않은 것이다. 하지만 미진씨는 포기하지 않았다. 한국으로 돌아가는 대신 현지에서 다른 독일 회사에 1년 계약을 조건으로 재취업을 하였다. 지금은 독일어 실력도 많이 늘고 업무에도 적응했지만, 독일어와는 여전히 전투 중이라고 웃으며 말한다. 그녀의 이야기에서 배울 점은 좌절해도 포기하지 않는 끈기와, 현지에서 다시 일어서는 용기다.

02. 네트워킹의 달인 수정 씨
- 독일계 한국 지사에서 독일 본사로의 화려한 이동

수정 씨는 독일로 가기 위해 치밀한 전략을 세웠다. 독일계 한국 지사에 입사한 뒤 사내 네트워킹에 올인했다. 회사 행사마다 적극 참여하고, 독일 본사에서 오는 출장객들과 인맥을 쌓았다. 또 직속 매니저에게 좋은 평가를 받기 위해 노력했다. 그 결과 드디어 꿈에 그리던 독일 본사 발령 소식을 듣게 되었다.

독일에 도착한 수정 씨는 기대에 부풀어 있었다. 글로벌 회사 본사라면 당연히 영어로 소통할 수 있을 거라고 생각했기 때문이다. 하지만 현실은 달랐다. "본사라 하더라도 모든 직원이 독일어를 사용하니까, 굳이 신입 때문에 우리가 영어를 해야 돼?"라는 분위기가 팽배했다. 수정 씨는 몇 년간 해외 커리어 경험을 쌓으며 버텼지만, 결국 한국행을 결정했다. 독일 본사에서 현지 계약서를 받지 못했기 때문이다. "독일 경험은 정말 소중했지만, 장기적으로 독일에서 커리어를 쌓기에는 언어 장벽이 너무 컸어요. 회사를 다니며 독일어를 마스터한다는 것이 현실적으로 불가능했습니다." 하지만 수정 씨의 이야기는 여기서 끝나지 않는다. 독일에서의 3년간 업무 경험을 높게 평가 받아 현재 한국에서 훨씬 좋은 조건으로 다른 회사에 이직했고, 지금은 승승장구하고 있다. 그녀에게 독일에서의 경험은 실패가 아닌 성장의 발판이 되어준 셈이다.

03. 40살의 용기, 민식 씨
- 좋은 대기업 마다하고 스페셜리스트의 꿈을 좇아

민식 씨의 독일행은 나와 비슷한 케이스다. 여행 비자 하나 달랑 들고 독일에 온 것이다. 하지만 그의 결정에는 남다른 철학이 있었다. 40살 나이에 좋은 한국 대기업을 박차고 나온 이유를 들어보니 인상적이었다. "나이 먹고 승진하니까 관리 업무를 해야 했는데, 이건 저랑 체질에 안 맞아요. 독일은 60살이 넘어도 스페셜리스트로 쭉 갈 수 있다고 하잖아요? 그래서 왔어요." 독일에 온 민식 씨는 계획적으로 움직였다. 한국에서 벌어놓은 돈으로 독일어 학원을 열심히 다녔고, 얼마 지나지 않아 독일 현지 기업에 취업했다. 엔지니어라는 직업을 최고로 대접해주는 분위기답게 독일에서 상위권 월급을 받게 되었다. 하지만 언어는 여전한 벽이었다. "회사에서는 네이티브들이 하는 말을 뭐 30% 알아듣으니까, 늘 물과 기름 같이 섞이지 못하고 그냥 평행선 상에서 살아요." 그래도 민식 씨는 포기하지 않았다. 퇴근 후 도서관을 제2의 직장처럼 여기며 독일어 공부에 매진했다. 그 끈질긴 노력 끝에 영주권과 시민권을 얻었고, 최근 그의 모습은 행복해 보인다. 40살의 용기 있는 선택이 결국 그만의 길을 만들어준 셈이다.

04. 영어로 버텨낸 수현 씨
- 독일에 있는 영국 회사라는 대안

　수현 씨도 K-Move를 통해 알선 받은 한국계 독일지사에서 독일 생활을 시작했다. 처음에는 나름 잘 적응하는 듯했지만, 몇 년 후 독일 회사로 이직하면서 언어의 벽에 부딪혔다. 매일 독일어로 진행되는 회의와 업무에 지쳐가던 그녀는 과감한 결정을 내렸다. 독일에 있는 영국 회사로 이직한 것이다. "정말 숨통이 트이는 기분이었어요." 회사에서 사용하는 언어가 영어라서 독일어 회화에 대한 압박은 전혀 없어졌다고 한다. 게다가 회사 내 동료들이 대부분 다른 나라 출신들이라 소통에도 스트레스가 없다. 아무래도 국제적인 도시 프랑크푸르트라는 지리적 장점이 큰 것 같다. 하지만 완전히 자유로워진 건 아니다. "주말에 시내에 나가거나 행정 업무 등 일상생활을 하는 데는 역시 독일어를 못 하는 것이 불편해요." 그녀의 솔직한 고백이다. "독일 생활도 벌써 10년이 넘어서 언젠가는 독일어를 시작하긴 해야 하는데, 아직 엄두를 못 내고 있어요."라고 웃으며 털어놓는다. 그래도 수현 씨는 독일에서의 삶 자체는 매우 만족스러워한다. 그녀가 찾은 해답은 완벽한 독일 적응이 아닌, 자신에게 맞는 방식으로 독일에서 살아가는 것이었다.

05. 주재원에서 현지인으로 변신한 준호 씨
- 줄어든 연봉, 두 배로 늘어난 행복

준호 씨는 한국 대기업에서 승승장구하던 중 한국 회사의 독일 법인의 주재원으로 파견되었다. 원래는 3년 계약이었는데, 지금은 현지 계약으로 전환하여 독일에서 뿌리를 내리고 살고 있다. 그의 이야기는 단순한 성공담이 아닌, 선택의 무게를 보여주는 현실적인 고민담이다. "처음에는 한국에서 파견된 주재원 신분으로 왔으니까 정말 많은 게 지원됐어요. 집도 회사에서 지원하고, 독일어 학원비도 내주고, 여러 다른 혜택까지. 말 그대로 VIP 대접이었죠." 준호 씨의 주재원 시절은 그야말로 화려했다. 회사 지원으로 프랑크푸르트 시내에 있는 좋은 집에 살면서 가족과 함께 유럽 생활을 만끽했다. 하지만 3년이 지나면서 준호 씨는 인생의 갈림길에 섰다. 한국으로 돌아가든지, 독일에 남아 현지 법인 직원으로 전환하든지. "독일 생활이 너무 좋아서 현지 법인으로 옮겼어요. 대신 연봉은 정말 많이 깎였어요." 지금은 독일 현지 법인에서 아시아 담당으로 일하고 있다. 연봉은 확실히 줄었지만 워라벨은 비교할 수 없을 정도로 좋아졌다고 한다. "여기서는 5시 반이면 퇴근이에요. 아이들 저녁 챙겨주고 주말에는 온 가족이 같이 쉬어요. 돈은 줄었지만 삶의 질은 몇 배나 좋아졌어요." 준호 씨의 선택은 단순히 독일에 머무는 것이 아니라, 자신이 추구하는 삶의 가치를 찾아가는 여정이었다.

06. 코드로 소통하는 개발자 동훈 씨
- 언어는 몰라도 코드는 만국 공통어

동훈 씨는 한국에서 5년간 개발자로 탄탄한 경력을 쌓았다. 그런데 2019년에 과감하게 독일 IT회사로 이직을 했다. 놀랍게도 한국에서 생활하며 지원을 했는데 취업에 성공했다. "독일어를 전혀 못 했는데도 채용됐어요. 면접도 화상으로 영어로만 했고, 회사에서도 영어로 일해요." 독일에 온 후 문과 출신인 동훈 씨 부인도 코딩을 완전히 제로에서부터 배우고, 엔지니어 배경이 없는 탓에 힘들지만 회사 생활을 계속하고 있다고 한다. IT 분야는 독일에서 가장 인력이 부족한 분야 중 하나다. 특히 독일 정부가 디지털 전환에 박차를 가하면서 개발자 수요는 폭증하고 있지만, 공급은 턱없이 부족한 상황이다. 동훈 씨의 일상은 독특하다. "동료들이 독일어로 대화할 때는 좀 소외되긴 하지만, 업무는 다 영어로 하니까 문제없어요. 코드는 만국 공통 언어잖아요."

지금은 베를린의 한 핀테크 스타트업에서 시니어 개발자로 일하고 있다. 연봉도 상당히 많이 받고, 주식 옵션까지 있어서 경제적으로는 매우 만족한다고 한다. "한국에서는 야근이 일상이었는데, 여기서는 정말 칼퇴근이에요. 주말에 회사 연락 오는 일도 없고요." 동훈 씨의 이야기는 IT 전문가들에게 독일이 얼마나 매력적인 기회의 땅인지 보여준다. 하지만 모든 것이 장밋빛은 아니다. 베를린의 집값이 최근 몇 년 사이 급등해서 주거비 부담

이 만만치 않고, 스타트업이라 대기업만큼 안정성이 떨어질 수 있다는 점은 아쉽다고 한다.

07. 유학생파 지영 씨
- 독일 대학원 졸업장이 주는 든든함

지영 씨의 독일 정착기는 다른 이들과는 확연히 다른 경로를 보여준다. 20대 중반에 교환 학생 자격으로 독일로 와서 대학을 졸업한 후, 대학원까지 수료하며 현지에 정착한 케이스다. 그녀의 가장 큰 무기는 체계적인 독일어 공부이다. "학생 때 독일어를 단계적으로 배울 수 있어서 정말 좋았어요. 대학에서 제공하는 독일어 수업도 듣고, 독일 학생들과 프로젝트도 함께 하면서 자연스럽게 언어와 문화를 익혔죠." 지영 씨는 2년간의 석사 과정을 마치면서 독일어 실력을 C1까지 끌어올렸다. 무엇보다 독일 학생들과 함께 생활하며 책에서는 배울 수 없는 진짜 독일 문화를 체득했다. 독일 대학 졸업장은 취업에서도 강력한 무기가 되었다. "독일 회사들이 독일 대학 졸업자를 확실히 선호하는 편이에요. 독일 교육 시스템을 이해하고 있다고 보거든요. 면접에서도 독일에서 공부했다고 하면 분위기가 확실히 달라져요." 젊은 나이에 온 것도 큰 장점이었다. 독일 친구들과 자연스럽게 어울리며 현지 인맥을 쌓을 수 있었고, 적응력도 빨랐다. "물론 처음엔 정말 힘들었죠. 독일어도 서툴고 문화도 달라서 매일이 도전이었어요. 하지만 나이가 어려서 흡수력이 좋았던 것 같아요. 실수해도 아직 학생이니까 하며 봐주는 분위기도 있었고요." 지금은 독일 중견기업에서 매니저로 일하며 완전히 독일에 뿌리를 내렸다. 최근에는 독일인 남자친구와 결혼도 했다. "유학 온 게 인생 최고의 선택이었어요. 시간은 오래 걸렸지만, 정말 탄탄한 기반을 다질 수 있었거든요." 지영 씨의 이야기는 시간과 노력이 만들어내는 안정적인 독일 정착 루트를 보여준다.

08. 사랑을 따라온 민지 씨
- 원거리 연애에서 독일 정착까지

민지 씨의 독일 정착기는 드라마보다 더 드라마틱하다. 독일 남자친구와 사귀다가 결혼에 골인해 독일로 온 케이스인데, 그 과정이 만만치 않았다. "처음에는 원거리 연애였어요. 한국—독일을 1년 동안 왔다 갔다 했죠. 비행기표 값만 몇천만 원 들었을 거예요." 연애할 때는 설레이고 로맨틱했지만, 막상 결혼 후 독일에 와서는 현실의 벽에 부딪혔다. 처음 2~3년이 정말 힘들었다고 한다. "독일어도 못 하고, 독일 남편 가족들과도 의사소통이 안 되고, 할 일도 없어서 우울증이 왔었어요. 연애할 때는 몰랐는데, 실제로 살아보니 완전히 다른 세상이더라고요." 민지 씨는 포기하지 않고 여러 방법을 시도해봤다. 혼인 비자로 독일에서 무료로 제공해주는 독일어 수업도 받아보고, 탄뎀 파트너도 사귀며 열심히 노력했다. 하지만 현실은 쉽지 않았다.

"하지만 독일어가 거의 안 늘더라고요. 매일 집에만 있으니까 독일어 쓸 일도 별로 없고, 남편이랑만 영어로 대화하고." 그나마 남편이 독일 사회 적응을 많이 도와주고, 비자 문제도 없어서 안정적인 생활을 이어가고 있다는 민지 씨. "그런데 독일에서 회사 경력도 없고, 독일어도 안 되고 해서 제 커리어 개발은 좀 어려워요. 사랑을 따라왔지만, 내 꿈은 접어야 하는 건지 고민이에요." 민지 씨의 이야기는 사랑과 현실 사이에서 균형을 찾아가는 과정을 보여준다. 행복하지만 마음은 복잡한, 그녀만의 독일 정착기다.

09. 교육을 위해 온 육아 맘 선미 씨
- 아이의 미래를 위한 엄마의 결단

선미 씨는 두 아이를 키우며 한국 교육 현실을 경험했고, 깊은 고민에 빠졌다. "한국의 교육 경쟁이 너무 치열해서, 아이들이 행복하게 자랄 수 있는 환경을 찾고 싶었어요. 5살, 8살인데 벌써 학원 스케줄이 빡빡하고, 아이들 표정이 점점 어두워지는 게 보이더라구요." 그런 와중에 남편이 독일 회사에 취업하면서 가족 이민을 결심했다.

독일에 온 지 1년, 선미 씨는 교육 환경에 대해서는 매우 만족한다. "독일 교육 시스템은 정말 좋아요. 아이가 스트레스 받지 않고 다양한 것을 경험할 수 있거든요. 큰아이가 학교에서 다양한 특별 활동도 배우고 정말 행복해해요. 한국에서는 상상도 못 할 일이었어요." 하지만 선미 씨 본인의 적응은 쉽지 않다. 육아 맘으로서 독일어를 배우는 것은 거의 불가능에 가깝다. "아이들 돌보느라 시간도 없고, 독일어 학원 다니기도 어려워요. 아이들이 학교 가 있는 동안 잠깐 시간이 나도 집안일이며 각종 업무 처리하다 보면 하루가 끝나버려요."

지금은 이민 초기라 한인 커뮤니티에 의존하고 있다. "한인교회 다니면서 한국 사람들과 소통하고 있어요. 외국에서의 낯설음을 좋은 한국분들과 만나며 달래고, 주말마다 유럽 여행하는 게 너무 즐거워요. 아이들도 다양한 문화를 접할 수 있어서 좋고요." 하지만 현실적인 문제들이 하나둘 보이기 시작했다. 가장 아쉬운 점은 한국에서의 직장생활을 포기하고 독일에서는 전업주부로 지내야 한다는 것이다. "제 커리어는 완전히 멈춰버린 상태예요. 장기적으로 봤을 때 이게 역이민의 이유가 될 수도 있다는 생각이 들어요." 당장은 관공서 문서, 은행 업무 모든 것을 번역기와 AI에 맡기고 있지만, 작은 아이 어린이집과 큰아이 학교와의 소통이 점점 중요해지고 있다. "이제 정말 독일어를 조금씩이라도 공부할 준비를 하고 있어요. 아이들을 위해 온 건데, 엄마인 제가 발목을 잡을 수는 없잖아요." 선미 씨의 이야기는 아이의 미래를 위한 엄마의 희생과 그 과정에서 겪는 현실적 고민을 보여준다.

10. 독일에서 사업하는 민경 씨
- KBeauty로 독일 시장에 도전

민경 씨는 독특한 경로로 독일에 왔다. "이민을 가는데 1가지 기술을 배워서 가는 게 낫겠다고 생각했어요." 그래서 한국에서 각광받는 피부 관리 기술을 배우기 시작했다. 한국에서 피부 관리 학원에 다니며 기술을 익힌 민경 씨는 자신감을 갖고 독일로 건너왔다. 하지만 첫 번째 난관이 기다리고 있었다. 한국 피부관리 자격증이 독일에서 인정되지 않은 것이다. "정말 당황했어요. 한국에서 열심히 공부한 게 무용지물이 된 기분이었죠."

하지만 민경 씨는 포기하지 않았다. 재빨리 독일 피부 관리 자격증을 취득했다. "말은 다르지만, 어차피 서비스 내용은 유사하기 때문에 가능했어요. 오히려 독일 시스템을 이해하게 되어서 나중에는 도움이 됐죠."

처음에는 독일에 거주하는 한국인 고객들을 대상으로 사업을 시작했다. 한국 주재원 부인들과 직장인이 주요 고객이었다. 그런데 최근에 경기가 나빠져서 한국 주재원들이 다시 한국으로 귀국하는 바람에 상당한 타격을 받았다. "한국 고객에만 의존하면 안 되겠다는 생각이 절실해졌어요." 하지만 운명의 전환점이 찾아왔다. K-Beauty가 유럽에서 각광받으면서 독일 고객들이 점차 늘어나기 시작한 것이다. "요즘은 독일 고객들이 한국식 스킨 케어나 피부 관리에 관심이 정말 많아요. 특히 젊은 여성들 사이에서 K-Beauty 열풍이 대단해요. BTS 덕분인지 한국 문화 자체에 관심이 높아졌더라고요."

이제 민경 씨는 새로운 도전을 준비하고 있다. 독일 고객으로 사업을 본격 확장하기 위해 독일어 공부에 매진하고 있다. "이제야 진짜 독일에서 사업한다는 기분이에요. K-Beauty 트렌드를 타고 더 큰 꿈을 꿔보려고요."

민경 씨의 이야기는 창업으로 독일에 정착하는 또 다른 가능성을 보여준다. 위기를 기회로 바꾸는 그녀의 도전 정신이 인상적이다.

이 10명의 생생한 이야기를 들어보면서 독일 정착에 대한 몇 가지 명확한 패턴이 보인다. 첫째, 독일어는 피할 수 없는 현실이다. IT 개발자 동훈 씨처럼 영어로 일할 수 있는 회사도 있고, 영국 회사에서 일하는 수현 씨처럼 독일어 압박에서 벗어날 수 있는 방법도 있다. 하지만 결국 모든 이들이 "장기적으로는 독일어가 필요하다."라고 입을 모은다. 승진, 깊은 인간관계, 진짜 독일 사회로의 진입을 위해서는 독일어가 열쇠다.

둘째, 좌절해도 포기하지 않는 사람들이 결국 승리한다. 미진 씨는 첫 회사에서 계약 연장이 안 됐지만 현지에서 재취업했고, 민식 씨는 40살에 과감한 도전을 했으며, 민경 씨는 한국 고객 이탈이라는 위기를 K-Beauty 트렌드로 극복했다. 실패는 끝이 아니라 새로운 시작의 신호였다. 셋째, 각자만의 루트가 있다는 것이다. 독일로 가는 길은 다양하다. K-Move를 통한 체계적 접근, 주재원에서 현지 직원으로의 전환, 유학을 통한 탄탄한 기반 다지기가 있다. 또한 사랑을 따라가는 결혼 이민, 창업을 통한 독립적 정착의 길도 있다. 어떤 길이 정답이라고 말할 수 없다. 결국 독일 이민에 '정답'은 없다. 하지만 1가지 분명한 것은 각자의 상황과 목표에 맞는 방법을 찾아 꾸준히 노력하면, 언젠가는 자신만의 성공적인 독일 이야기를 써내려갈 수 있다는 것이다. 이 10명의 이야기가 그 증거다.

2.
진짜 궁금한 독일 취업과 이민 Q&A

✦

　최근 언론에서 계속 거론되는 미국의 복잡한 비자 시스템과 반이민 정서는 고급 인재들을 좌절시키고 있다. 이런 틈새를 정확히 파고든 게 독일과 프랑스다. 블룸버그(2025년 5월)에 따르면 프랑스 대통령 마크롱은 최근 미국이 연구자 비자를 취소하고 대학 지원을 중단한 것에 대해 "개방적 과학 교류로 번영해온 국가가 이런 실수를 저지르는 것은 전략적 오류"라며 "미국에서 자리를 잃은 연구자들에게 프랑스와 유럽이 새로운 기회를 제공하겠다."라고 고급 인력을 향해 달콤한 손짓을 하고 있다. 나는 예전에 파리에서 4개월 살면서 수많은 외국인 예술가를 자국으로 영입해서 '어떻게 프랑스가 파리를 예술, 문화, 박물관의 천국'으로 만들어놓았는지 두 눈으로 직접 체험한 적이 있다. 외국인 출신 예술가가 만든 작품으로 엄청난 외국인 여행자를 자국으로 인도하는 것을 보고 이 나라의 마케팅 능력은 세계 최고라는 느낌을 받았었다.

프랑스뿐만 아니다. 독일은 이미 유럽에서는 가장 많은 이민자를 받아들이는 국가다. 언론 매체를 보지 않고도 얼마나 많은 외국인들이 독일에서 일하는지 나는 매일 일상에서 경험한다. 2006년 독일에 와서 프랑크푸르트 회사에서 면접을 봤을 때 사무실에 15개 국가 사람들이 모여서 일하는 걸 보고 나는 엄청 놀랐다. 벌써 그 당시에도 프랑크푸르트에서 독일인을 구경하는 건 어려운 일이었다. 독일인은 독일어 학원에 가야지만 만날 수 있는 존재였다. 나중에 슈투트가르트로 이사 온 후에는 이 도시에 외국인이 너무 없어서 어디를 가도 내가 튀는 존재였다. 그래서 오히려 독일어가 빨리 늘긴 했지만, 지금 슈투트가르트는 예전 프랑크푸르트처럼 변해있다. 특히 전 세계 추세처럼 독일도 중국인과 인도인으로 가득 채워져가고 있다.

이런 현실이 유학이나 이민을 고려하는 한국인들에게 주는 시사점은 많다.

Q1: 독일이 왜 한국 유학생, 취업 준비생, 이민 준비하시는 분들에게 매력이 있나?

독일은 GDP 기준, 유럽 최대 경제 대국으로 이는 영국이나 프랑스보다 훨씬 높다(출처: KPMG). 독일에서는 자동차, 기계, IT, 화학, 에너지 산업뿐 아니라 건설, 보건·의료, 물류, 교육, 사회 복지 등 다양한 업계에서 인력 부족이 심각하다. 이에 따라 독일 정부와 기업은 외국인 인재 유치, 이민 정책 완화, 여성 경제 활동 촉진 등 다양한 방안을 강구하고 있다(출처: 코트라). 그뿐만 아니라 사회 복지 시스템(건강 보험, 연금, 실업 보험 등)이 잘 구축되고 교육과 의료 서비스가 질 높고 거의 무료이다. 천혜의 자연 환경, 안전한 치안, 좋은 대중 교통도 장점이라고 할 수 있다. 또한 역사적으로 이민자 비율이 높아 다문화 친화적인 분위기이다. 또한 근무 시간이 한국에 비해 짧다. 채용 계약에 따라 일주일 35-40시간 근무를 한다. 정시 퇴근하고 1년 약 8주 이상(6주 휴가와 약 2주 공휴일), 즉, 두 달 이상의 유급 휴가가 있으며 수평적 조직 문화와 야근 및 회식이 없다. 또 중요한 점은 지난 10년간 정말 많은 한국 분들이 취업/이민/학업을 위해 독일로 건너 왔다는 점이다. 이것은 독일 사회가 한국인들에게 잘 맞는다는 증거이며, 동시에 한국인들끼리 서로를 도와가며, 윈윈될 수 있다는 증거이기도 하다. 여기에 추가로 2024년 독일 이민법이 개정되었다. 그 내용은 시민권 취득 기간 단축(8년 → 5년)과 Chancenkarte(기회 카드) 제도 등 숙련 인력 유치를 위한 이민 문턱 완화, 블루카드(Blue Card) 취득 요건 완화 등이 포함되어 있다(추가 내용 Q10 참고).

Q2: 독일에는 어떤 유명한 회사들이 있나?

독일의 지도를 보며 주요 기업과 도시를 파악해 보는 것은 매우 중요하다. 내가 미래에 살 수도 있는 주와 도시를 미리 알아보고, 그 지역의 산업과 문화를 이해하면 이주나 취업 및 투자에도 큰 도움이 된다.

DAX 40(Deutscher Aktienindex 40. 독일 40대 상장기업)에 포함되어 있는 회사를 살펴보면 우선 북쪽 함부르크에는 에어버스(Airbus), 니베아(NIVEA) 화장품으로 잘 알려진 바이어스도르프(Beiersdorf)가 있다.

그리고 조금 내려오면 폭스바겐(Volkswagen)과 중서부에는 아스피린(Aspirin)으로 유명한 바이어(Bayer), DHL(DHL), 헨켈(Henkel)이 보인다. 남서쪽 지방에는 포르쉐(Porsche), 메르세데스-벤츠(Mercedes-Benz), SAP(SAP), 보쉬(Bosch, 비상장기업)이 있다. 남동쪽에는 아디다스(Adidas), 지멘스(Siemens), BMW(BMW), 알리안츠(Allianz) 본사가 있다. 이 밖에도 한국에 잘 알려진 회사로는 밀레(Miele), 아우디(Audi), 하리보(Haribo), 푸마(Puma) 등이 있다. 특히 눈에 띄는 점이라면 독일의 중소기업은 그냥 중소기업이 아니다. 이 회사들은 독일 산업을 이끄는 히든 챔피언으로서 회사 규모, 연구 기술력, 월급 등에서 절대 대기업에 밀리지 않는다. 한국에서 잘 알려진 독일 중소기업은 페스토(Festo), 브리타(BRITA), 아마셀(Armacell), 힙(Hipp) 등이 있다.

이미지 12 – 독일 주요 기업 본사 위치 지도

출처: peterparker87(2022), 독일 주요 기업 본사 위치 지도 [Online forum post], Reddit.

Q3: 독일 취업, 이민은 어느 도시가 좋을까?

독일은 오랫동안 여러 개의 공국, 제후국, 도시 국가로 나뉘어 있었다. 통일된 지 오래되지 않았고(1871년), 그래서 수도 베를린 하나에 모든 것이 집중되지 않았다. 덕분에 16개 주의 각 수도마다 독특한 산업과 문화가 발달했다. **베를린은** 수도답게 정치와 문화의 중심지다. 스타트업, IT, 미디어, 생명 공학 등 신산업이 집중되어 있고, 다양한 국적의 이민자들이 모여 외국인에게 친화적인 분위기를 자랑한다.

함부르크는 독일 최대의 항구 도시로 물류와 해운업이 발달했다. 독일 제 1위, 유럽 3위의 무역항답게 무역, 물류, 해운은 물론 미디어, 항공 우주 등 다양한 산업이 발달해 있다. **뮌헨은** 첨단 산업, 자동차, 금융, IT가 모두 모인 경제 허브다. BMW, Allianz, Munich Re, Siemens, Infineon 등 대기업 본사가 집중되어 있어 취업 기회가 풍부하다. **프랑크푸르트는** 유럽 금융의 중심지로 ECB(유럽중앙은행)를 비롯해 수많은 금융기관들이 자리 잡고 있다. **쾰른과 뒤셀도르프는** 주요 방송사와 미디어 기업, 세계적 전시장(쾰른메쎄)이 모여 있고, 뒤셀도르프는 미디어하펜 등 혁신지구와 글로벌 박람회(메쎄 뒤셀도르프)로 유명하다.

슈투트가르트는 벤츠와 포르쉐, 보쉬의 본고장으로 자동차 산업의 메카다. 특히 슈투트가르트가 속한 바덴뷔르템베르크 주는 독일에서 유명 중소기업(히든 챔피언)이 가장 많은 곳으로, 안정적인 취업 환경을 제공한다. 드

레스덴과 라이프치히는 동독 지역 경제 중심지로 급성장하고 있어 새로운 기회를 찾는 이들에게 주목받고 있다.

독일이 또 매력적인 이유는 각 주가 마치 다른 나라처럼 개성이 넘친다는 데 있다. 독일 내에서 여행을 해도 뮌헨 지방의 바이리쉬, 쾰른의 쾰쉬, 함부르크의 플라트도이치, 슈투트가르트의 슈베비쉬 등 완전히 다른 사투리를 듣는 재미가 있다. 이 사투리는 심지어 같은 독일인끼리도 서로 못 알아듣는 경우가 허다하다. 음식 문화도 지역마다 다르다. 북부는 생선 요리, 남부는 소시지와 맥주, 서부는 라인강 와인 문화가 발달해 있어 마치 유럽 여러 나라를 여행하는 기분이다. 그래서 독일에서 살면서 각 지역을 돌아다니는 것만으로도 엄청난 문화 체험이 된다. 각 도시마다 특색이 뚜렷하니 본인의 전공이나 관심 분야, 그리고 추구하는 라이프스타일에 맞춰 선택하는 것이 좋다.

Q4. 독일 취업 정보와 임금 및 회사 평가 관련해서 알아 볼 수 있는 웹사이트는?

표 6 – 독일 취업 정보 사이트

구분	사이트명(외국어는 AI를 활용하는 센스!)	주요 기능/특징
구인·구직	https://www.stepstone.de	독일 최대 구인·구직 포털, 직무별·경력별·지역별 일자리, 연봉 예측 기능 제공
구인·구직	https://www.monster.de	다양한 직업군, 이력서 작성 팁, 급여 계산기(Gehaltsrechner) 제공
구인·구직	https://dokbab.com/category/jobs/	한인 대상 독일 취업 정보, 구인·구직, 실제 경험담, 연봉 정보 등 한글 제공
구인·구직	https://de.indeed.com	대표적인 일자리 검색 엔진, 분야별 키워드 등록 및 메일링 서비스
구인·구직	https://www.glassdoor.de	회사 리뷰, 실제 직원 연봉 정보, 복지, 면접 후기 등 제공
구인·구직	https://www.linkedin.com	글로벌 네트워킹, 일자리 정보, 경력직 채용, 업계별 네트워크
구인·구직	https://jobboerse.arbeitsagentur.de	독일 연방고용청 공식 구인·구직 사이트, 미니잡·아우스빌둥 등 다양한 일자리

임금정보·비교	https://www.gehalt.de	직업·경력·지역별 평균 연봉, 임금 범위, 시장 가치 확인 가능
임금정보·비교	https://www.lohn.de	다양한 직업군 임금 정보, 세전·세후 급여 계산, 지역별 차이 제공
임금정보·비교	https://www.kununu.com	회사별·직군별 실제 직원 평가와 연봉 정보, 직장 만족도 등 확인
학생 근로자 특화	https://www.stellenwerk.de	근로대학생(Werkstudent), 미니잡, 인턴 등 학생 일자리 전문 포털
학생 근로자 특화	https://www.studentjob.de/werkstudent	Werkstudent, 인턴, 방학·파트타임 등 학생 대상 일자리 대량 제공
학생 근로자 특화	https://zuhausejobs.com/homeoffice-werkstudenten-jobs	100% 재택 근무 Werkstudent 일자리만 모아 제공하는 특화 포털
직업 훈련 (Ausbildung)	https://www.ausbildung.de	독일 최대 규모의 직업 훈련 (Ausbildung) 전문 포털, 직종별 정보, 지원, FAQ 제공
직업 훈련 (Ausbildung)	https://www.azubiyo.de/ausbildung/	Ausbildung 자리, 직업 적성 테스트, 지역·직종별 필터링 지원
직업 훈련 (Ausbildung)	https://www.xn--jobbrse-d1a.de/ausbildung/	Ausbildung 자리, 다양한 업종·지역별 검색, 실시간 채용 정보
직업 훈련 (Ausbildung)	https://www.arbeitsagentur.de/bildung	독일 연방고용청 공식 포털, Ausbildung·이중 직업 훈련·직업학교 정보, 지원 가이드

Q5: 독일 채용 공고와 이력서 작성에서 가장 중요한 포인트는?

독일 채용 공고에는 직무, 요구 자격, 언어 능력, 근무 형태 등이 명확히 기재되어 있다. 이러한 공고를 분석할 때는 먼저 직무(Aufgaben)와 요구 자격(Anforderungen)을 꼼꼼히 파악하고, 회사가 원하는 인재상, 핵심 역량, 경험, 언어 능력을 확인해야 한다. 독일 기업은 특히 '업무 적합성'을 매우 중요하게 평가한다. 따라서 채용 공고에 명시된 직무 요건, 요구 자격, 경험 등과 내 경력이 얼마나 일치하는지 꼼꼼히 확인하는 것이 핵심이다. 이를 바탕으로 지원서 작성 시에는 이력서(Lebenslauf)와 자기 소개(Motivationsschreiben)를 공고에 맞춰 맞춤형으로 지원 회사마다 매번 새롭게 작성하는 것이 중요하다. 즉, 경력, 프로젝트, 언어 능력 등 핵심 키워드를 공고와 일치시켜야 하며, 특히 공고에 명시된 핵심 역량과 경험이 내 경력에 어떻게 해당되는지 구체적으로 표현해야 한다. 실제로 독일 면접관들은 면접 시에 "이력서에 써있는 이 프로젝트에 대해 구체적으로 설명해 주세요."하는 등 이력서에서 도출된 질문을 가장 많이 한다. 그렇기 때문에 본인의 이력서에서 실제 질문을 도출해보는 모의 연습이 필수다. 외국인 지원자의 경우 노동 허가(Arbeitserlaubnis) 가능 여부도 중요하다. 다행히 독일 채용 공고에는 나이, 출신지 등 표현이 금지되어 있어 공정한 채용 과정을 기대할 수 있다.

Q6: 독일 기업이 실제 면접 인터뷰에서 중요하게 보는 것은?

내가 독일에서 구직했을 때도, 나중에 채용 담당자가 되어 면접을 진행했을 때도, 1가지 명확한 사실을 깨달았다. 그것은 독일은 당장 일할 수 있는 사람을 찾는다는 것이다. 실제로 우리 팀에 인턴으로 들어온 스페인 직원이 있었다. 신입이었던 이 직원은 하노버 박람회라는 대규모 이벤트를 준비에 서부터 실행까지 완벽하게 해냈다. 물론 한 상사의 상세한 업무 지시와 검토는 있었지만, 실질적인 업무는 그 인턴이 책임졌다. 이것이 바로 독일식 업무 문화다. 독일은 '교육해서 키우겠다.'라는 마인드보다 '바로 성과를 낼 수 있는가.'를 평가한다. 신입이라도 책임감과 리더십이 강조된다. 만일 글로벌 회사에 지원한다면 중요한 사항은 기존 글로벌 프로젝트에서 본인이 맡았던 역할과 성과이다. 그리고 이때 다양한 국적의 팀원과 일할 때 본인의 강점은 무엇인가를 묻는 사례도 있다. 이런 경우 STAR 기법(그때 상황: Situation, 맡은 업무: Task, 실행: Action, 결과: Result)으로 국제 협업 경험을 구조화해 답변을 준비하면 신뢰도를 높일 수 있다. 그리고 국제 팀과 일했을 때 이를 통해 배운 점, 갈등 해결, 팀워크, 리더십 등을 구체적으로 설명하는 것이 좋다.

- 책임감/리더십: 프로젝트의 시작부터 끝까지 책임질 수 있는지 평가. 스스로 문제를 해결하고, 정보를 찾아내는 역량이 중요

- 글로벌 회사 경우: 문화적 적응력, 팀워크, 문제 해결 경험을 설명
- 실무 경험(신입의 경우): 대학, 인턴, 아르바이트 등에서의 실제 프로젝트 경험이 매우 중요
- 구체적인 경험과 사례 중심의 답변 준비가 합격의 핵심

Q7. 독일에서 제일 중요시하는 실무를 처음에 어떻게 익힐 수 있을까?

만일 독일 유학생, 교환 학생이라면 학생 근로자(Werkstudent)와 인턴십(Praktikum)이라는 2가지 경로를 통해 실무 경험을 얻고 경제적 도움을 받을 수 있다. 학생 근로자의 경우, 학기 중에는 주 20시간, 방학에는 30시간 일할 수 있다. 반면 인턴십은 아예 다른 접근이다. 마치 진짜 직장인이 된 것처럼 풀타임으로 40시간을 일하며 2~6개월간 회사 생활에 완전히 몰입한다. 학생 근로자는 상대적으로 단순한 업무가 많다. 하지만 오래 다니다 보면 회사 사람들과 인맥을 쌓으며 프로젝트 범위를 넓혀 갈 수 있다. 반대로 인턴십은 진짜 프로젝트에 참여한다. 회의에도 들어가고, 실제 업무도 맡는다. 학생 근로자는 학교에 다니고 있어야 하며, 휴학하는 순간 자격을 잃는다. 하지만 인턴십의 경우에는 재학생은 물론이고 졸업 예정자도, 심지어 휴학생도 지원할 수 있다. 다른 방법으로는 두알 스튜디움(Dual Studium-이중 교육 과정)이다. 이 과정은 독일의 특별한 교육 시스템으로, 대학에서 이론을 배우는 동시에 기업에서 실무와 직업 교육을 병행하는 과정이다. 학습 장소가 대학과 기업 두 곳이며, 학업과 실무가 조직적으로 밀접하게 연계되어 있어 학위와 직업 교육 자격을 동시에 얻을 수 있다는 것이 가장 큰 장점이다. 이 과정에 지원하려면 먼저 한국의 고등학교 졸업장이 독일 대학 입학 자격과 동등한지 Anabin 또는 Uni-Assist에서 확인해야 한다. 또한 대부분의 과정이 독일어로 진행되므로 B2~C1 수준의 독일어 능력 증명서가 필요하다. 가장 중요한 것은 지원 전에 독일 현지 기업과 훈련 또는 고용 계약을 체결해야 한다는 점이다. 이 계약 없이는 대학에 지원할 수 없으며, 입학 후에는 학생 비자와 일할 수 있는 권한이 포함된 체류 허가가 필요하다. 일자리는 두알 스튜디움 제공 대학 공식 홈페이지나 독일 대학 두알 스튜디움 포털(예: duales-studium.de), 독일 취업 포털(stepstone.de)를 참고할 수 있다.

Q8. 기억해 두어야 할 독일 직장인 문화와 업무 방식은?

독일 직장인 초기 시절, 한 세일즈 상사가 나에게 업무 지시를 내렸다. 사실 지시를 받는 당시에도 그 업무를 마감하기엔 턱없이 시간이 부족하다는 것을 짐작할 수 있었지만, 상사라는 이유만으로 나는 "오케이"를 했다. 결국 나는 그 일을 시간 안에 해내지 못했고, 나중에 큰 문제가 되고 말았다. 독일에서는 데드라인, 즉, 마감일을 지키는 것이 마치 계약과 같다. 따라서 아무리 상사라 하더라도 가능한 것과 불가능한 것을 정확히 밝혀 주어야 한다. 독일의 수평적 조직 문화도 알아두면 좋다. 예를 들어 "새로운 마케팅 캠페인에 팟캐스트도 한번 해볼까?"라고 상사가 제안한다면, 내가 그 제안이 말이 안 된다고 생각할 때 "이런이런 정황으로 이러이러해서 안 될 것 같습니다."라고 최대한 논리적으로 접근해야 한다. 독일에서 토론할 때 논리적 접근과 근거 제시(Begründung)가 얼마나 중요한지는 실제 회사 생활을 통해 뼈저리게 체험하게 될 것이다.

매니저 역할도 차이가 있다. 우리 회사 마케팅 디렉터가 각 도시에 흩어진 직원들을 미팅이나 교육을 위해 소집할 때, 매니저의 역할이 한국의 전통적인 '상명하달' 방식과는 확연히 달랐다. 디렉터가 직접 미팅 어젠다 작성, 점심 도시락 주문, 미팅룸 예약, 팀원 초대, 회의록 기록까지 모든 준비를 스스로 처리했다. 평상시에도 팀 업무 지시와 감독은 물론, 직접 행정 업무와 일상적인 준비까지 맡아 하는 모습이 정말 인상적이었다.

Q9. 독일 직장인이 납부하는 세금과 사회 보험료의 실상은?

표 7 – 독일 의무 사회 보험료 (독일 대표 건강보험사 TK 2025년 공식자료 기준)

보험 종류	총 보험료율 (월급 기준)	근로자 부담	회사 부담
건강 보험 (Krankenversicherung)	17.05%	8.525 %	8.525 %
연금 보험 (Rentenversicherung)	18.6%	9.3%	9.3%
실업 보험 (Arbeitslosenversicherung)	2.6%	1.3%	1.3%
간병 보험 (Pflegeversicherung)	3.6% (자녀 1명 기준)	1.8%	1.8%
산재 보험 (Unfallversicherung)	산업별 차이	0 %	100 %

근로자가 부담하는 의무 사회 보험료는 보험사마다 약간의 차이가 있으며, 대략 월급의 19.6%~21.2%이다(회사 부담 별도).

표 8 – 세금 등급에 따라 달라지는 소득세율 (TK 공식자료 기준)

소득세 등급 (Steuerklasse)	주요 대상	설명
1	미혼, 이혼, 사별, 자녀 없음	자녀가 없거나 미혼, 이혼, 사별자 적용. 세금 부담 매우 높음
2	미혼, 자녀 1인 이상(싱글 부모)	자녀가 있는 미혼 부모. 세액 공제 등 추가 혜택
3	기혼, 외벌이 또는 소득 높은 쪽	기혼자 중 한 명이 높은 소득. 세액 공제 혜택이 큼
4	기혼, 맞벌이	맞벌이로 소득이 비슷한 부부, 1등급과 유사한 세금 부담 매우 높음
5	기혼, 소득 낮은 쪽	기혼자 중 한 명이 낮은 소득. 세액 공제 혜택 적음
6	부업, 두 개 이상 소득	두 개 이상 직장. 세액 공제 거의 없음. 세금 부담 가장 높음

소득세 등급(Steuerklasse)은 월급에서 미리 떼가는 세금의 가이드라인. 소득세 (14~45% 누진세)는 연봉에 따라 적용되며, 월급에서 미리 공제.

소득세에 대한 이해를 돕기 위해 예를 들어보면,

→ 연봉 40,000유로 → 소득세 평균세율 약 18~22%

→ 연봉 70,000유로 → 소득세 평균세율 약 28~32%

→ 연봉 100,000유로 → 소득세 평균세율 약 34~37%

→ 최고 한계 세율(45%)은 연봉 277,826유로 이상부터 적용

    결과적으로 의무 사회 보험료 + 소득세를 합쳐 월급 공제율은 이렇게 정리된다

→ 저소득층(연봉 30,000~40,000유로): 약 35~40%

→ 중간소득층(연봉 50,000~70,000유로): 약 40~45%

→ 고소득층(연봉 80,000유로 이상): 45% 이상

출처: Techniker Krankenkasse (TK): 독일 사회보험료율

Q10. 독일 취업 비자, 블루카드, 구직 비자 뭐가 다르고, 어떤 게 더 유리할까?

취업 비자 – 고용 계약 확정 시 신청 가능하며, 최대 4년 체류 허가가 발급된다. 영주권 신청은 보통 3년 이상 체류 후 가능하며, 독일어 B1 수준과 독일 사회·법률 지식이 필요하다. 요건이 비교적 간단하고 다양한 직종에서 신청 가능하지만, 블루카드보다 영주권 전환 기간이 길고 이직 시 비자 연장이 요구된다.

블루카드(EU Blue Card) – 독일 고용 계약이 필요하며, 2025년 기준 연봉은 일반 직군 48,300유로 이상, 부족 직군(IT, 엔지니어, 의료 등)은 43,759.80유로 이상이어야 한다. 최대 4년 발급되며, 첫 12개월은 동일 고용주에서 근무해야 한다. 영주권 신청은 B1 독일어 증명 시 21개월, 미만 시 33개월로 단축된다. 가족 동반 시 배우자 무제한 취업 가능하며, 영주권 전환 기간이 짧다는 장점이 있으나 연봉과 학위 요건이 엄격하다.

구직 비자 및 기회 카드(Job Seeker Visa/Chancenkarte) – 대학 학위 또는 독일 인정 직업 자격이 필요하며, 최대 6개월(기회카드는 1년) 체류하며 구직 활동이 가능하다. 취업 성공 시 취업 비자 또는 블루카드로 전환할 수 있다. 독일 현지에서 직접 구직 활동이 가능하지만, 취업 실패 시 귀국해야 하며 정규 취업은 제한된다.

출처: Make it in Germany(독일 정부 운영의 이민, 취업 안내 포털) 링크 make-it-in-germany.com, Bundesministerium des Innern(독일 연방 내무부) 링크 bmi.bund.de 등

3.
궁합으로 보는 독일과 나
- YES or No?

친구를 사귈 때 나와 케미가 맞는 사람이 있다. 서로 결이 비슷하다고 느끼는 순간 말이다. 나는 나라도 마찬가지라고 생각한다. 독일 역시 다른 어느 나라처럼 단점이 많지만, 나는 도착 첫날부터 '아, 여기 괜찮네.'라는 느낌이 들었다. 유머 코드로 풀어보는 취업/이민을 위한 독일 생활, 과연 나와는 어떤 호흡을 보여줄까? 지금 바로 테스트 해보자!

표 9 – 독일 업무 환경과 독일 문화

No.	체크 항목 (유머 한 스푼)	YES	NO
1	야근, 회식 전혀 없는 세상이 천국이다 (완전히 가족을 위해 만들어진 국가)	☐	☐
2	매니저는 부하 직원보다 두 배로 일한다	☐	☐
3	퇴근 후, 휴가 중 회사 카톡 안 온다 (휴대폰이 진짜 휴대용)	☐	☐
4	연간 두 달 이상 유급 휴가 (기독교의 나라, 빨간 날도 왜 이렇게 많아!)	☐	☐
5	마케터들 주목! (휴가+병가+공휴일= 1년 2~3달 증발. 마케팅 캠페인, 그거 언제 해?)	☐	☐
6	독일 직장인 연평균 병가 20일 (고객이 어째 연락이 안 되네)	☐	☐
7	해고 당하기가 로또 당첨보다 어렵다	☐	☐
8	주 40시간 이상 일하면 노동청에서 출동한다	☐	☐
9	인턴도 매니저처럼 일한다 (진짜 프로젝트 담당자)	☐	☐
10	내 월급은 나라가 관리한다	☐	☐
11	모두가 중산층이다? (나라는 부자, 국민은 가난이 국룰)	☐	☐
12	저축? 그게 뭔가요? (월세 + 세금 + 보험 = 월급)	☐	☐
13	전세 없다 (아! 목돈 모으기는 끝인가?)	☐	☐
14	대학 등록금 제로 (한국 부모들 이민 고려 중)	☐	☐
15	학원가? 그런 거 없다 (아이들이 진짜 놀면서 큰다)	☐	☐
16	집 구하기가 취업보다 어렵다 (제출 서류는 산더미, 면접은 필수)	☐	☐

17	직장인, 연말에 내년 계획 끝! (독일인=계획 마니아)	☐	☐
18	초대받은 독일 친구 집에서 밥 먹고 더치페이해도 Ok	☐	☐
19	옷은 그냥 20년 이상은 입어준다	☐	☐
20	집 앞에 다람쥐가 놀러온다 (도시인데 완전 순수 자연 다큐)	☐	☐
21	갑자기 이번 주말에 만날까? No! 1년 계획 이미 짜여 있다니까!	☐	☐
22	유럽 여행이 시내 나들이급이다 (이웃나라 여행은 인천에서 의정부행)	☐	☐
23	일요일엔 온 세상이 멈춘다 (일요일 명동 쇼핑이 꿈이다)	☐	☐
24	공중 화장실이 전설 속 존재다 (지하철 엘리베이터가 공중 화장실)	☐	☐
25	겨울엔 해가 실종 신고 대상이다 (여름엔 밤 10시도 대낮이다)	☐	☐
26	평생 '남의 나라'에서 살 각오 됐나요 (절대 '나의 나라' 안 된다고?)	☐	☐
27	친구 사귀는 데 10년 걸린다	☐	☐
28	동창회, 번개 모임이 뭔지 모른다	☐	☐
29	밤 8시면 세상이 잠든다 (야식? 배달? 누구예요?)	☐	☐
30	맛집, 별미 일찌감치 포기하자 (소세지랑 좋은 자동차는 YES! 좋은 차는 먹는 거니?)	☐	☐
31	마늘 먹으면 집에서 못 나와, 된장국도 안 돼!	☐	☐
32	손님은 밥이다, 왕은 어디 갔니? (서비스 사막에 주의)	☐	☐
33	이 나라 공무원은 우리나라 70년대 공무원이다 (그래서 친절하다고?)	☐	☐

34	명품이 뭐예요? 중고품은 국민 애정템	☐	☐
35	돈 자랑, 브랜드 자랑 금지 (독일인 돈이 없어 안 쓰는 거 아니라니까)	☐	☐
36	여성에게 외모, 나이 관련 발언 금지 (경찰 출동 주의)	☐	☐
37	식사 시 후루룩 쩝쩝 No No No! (파출소에서 바로 연락 간다)	☐	☐
38	독일은 피해 안 주고 안 받는 걸 좋아한다 (한국인 숙박 금지 호텔은 실제 존재)	☐	☐
39	트레이닝복은 잠깐 집 앞에 나갈때도 금지 (그런 사람 봤는데! 외국인일 확률 100%)	☐	☐
40	무례한 독일인 대처법 "원래 그렇게 친절하신가요?"라고 되묻기 (상시구비 아이템)	☐	☐

점수 계산: YES 개수를 세어보자!

- 30개 이상: 독일 DNA 보유자, 당장 이민 준비하자
- 20~25개: 독일 적응 가능, 도전해볼 만하다
- 15~19개: 반반, 신중하게 고려해보자
- 15개 미만: 독일보다는 다른 나라를 추천

Special Tip 3:
준비부터 정착까지, 실전 로드맵

이제부터는 막연한 꿈이 아닌 독일 취업과 이민의 구체적인 액션 플랜이다. 전략적으로 접근해야 성공 확률이 높아진다. 단, 체크리스트는 본인의 상황에 맞게 재편집하면 된다.

표 10 - 독일 취업/이민 준비부터 정착까지 로드맵

단계	주요 미션 및 체크리스트
취업/이민 2~3년 전 (직장인 경우)	☐ 독일 구인구직 사이트 마스터하기(표 6 참조) ☐ 한국 구인구직 사이트 독일기업 검색 ☐ 독일계 기업에서 경력 시작 ☐ 전문직 경우 자격증 취득
준비 시작 첫 1~3개월 목표 설정 및 준비	☐ 이민 목적 확정(취업, 유학, 이민, 사업, 가족 동반 - 표 1 참조) ☐ 독일어 A1~A2 수준 달성 ☐ 전문 분야 포트폴리오 정리 ☐ LinkedIn등에 본인 프로필 완성 ☐ 취업 관련 문서 수집(경력 증명서, 학위 증명서, 자격증, 어학 증명서, 전 직장 추천서 등) ☐ 가족 동의 및 지지 확보 ☐ 초기 자금 계획 수립

기간	체크리스트
4~6개월 네트워킹 및 지원 준비	☐ 독일어 A2~B1 수준 달성 ☐ 취업 희망 독일 기업 10~20개 리스트 작성 ☐ 독일식/영어 이력서 및 자기소개서 작성 ☐ 네트워킹 활동 시작(표 12 참조) ☐ 멘토 1~2 선정 및 관계 형성 ☐ 비자 옵션 상세조사(블루카드, 취업 비자, 구직 비자, 학생 비자 등)
7~9개월 실제 지원 및 면접	☐ 독일어 B1 자격증 취득 ☐ 주당 10~15개 회사 지원 ☐ 화상 면접 연습(독일어/영어) ☐ 이민 자금 준비 상황 체크 ☐ 가족 독일어 학습 및 문화 적응 준비 ☐ 독일 도착 후 첫 달 계획 수립
10~12개월 최종 준비 및 이사	☐ 독일어 B2 자격증 취득 ☐ 독일 회사 채용 제안 수락 ☐ 비자 신청 및 승인 완료(블루카드, 취업 비자, 구직 비자, 학생 비자 등) ☐ 숙소 준비 ☐ 항공권 예약 및 이사 준비 ☐ 한국에서의 정리 작업 완료 ☐ 독일 도착 후 할 일 리스트 완성 ☐ 긴급 상황 대비책 준비
도착 후 첫 달 생존 및 정착	☐ 공항에서 시내까지 교통편 확보 ☐ 숙소 체크인 ☐ 독일 SIM카드 구입/로밍 설정 ☐ 기본 생필품 구입 ☐ 거주지 등록(Anmeldung): 이사 후 14일 이내 ☐ 시청(Bürgeramt) 예약은 미리 온라인 ☐ 독일 은행 계좌 개설 ☐ 장기 임대 아파트 찾기 시작 ☐ 부동산 사이트 활용(Immobilienscout24.de, immowelt.de, WG-Gesucht.de)

- ☐ 집 보러 다닐 때 필요 서류(회사 계약서, 소득 증명서, Schufa 신용 조회, 신분증 등) 준비
- ☐ 인터넷 설치 신청
- ☐ 독일어 공부 플랜(온/오프라인)
- ☐ 한인 커뮤니티 연결(교회, 한인회, 온라인 카페)
- ☐ 직장 동료들과 관계 형성
- ☐ 변호사 보험(Rechtsschutzversicherung) 가입: 민사, 형사, 노동, 교통, 임대 포함
- ☐ 개인 배상 책임 보험(Haftpflichtversicherung): 타인에게 입힌 피해
- ☐ 가재 도구 보험(Hausratversicherung): 본인 소유물 피해
- ☐ 내년 세금정산 준비(영수증 카테고리별로 사전 구분해 정리)

부록

01. 10가지 독일어 핵심 발음 및 단어와 문장

독일어의 전체 음성 체계는 약 40개의 음소(IPA 기호)로 구성된다. 이 중 아래 단어는 독일 일상 생활에서 매일 쓰이는 단어들이다. 단어와 문장을 말하며 녹음을 하고 그것을 들어보며 수정하는 과정을 거치면 억양은 빠른 시일 내에 좋아진다.

표 11 – 독일어 주요 발음 및 연습문장

발음	발음 표기 IPA [강세위치]	발음연습을 위한 문장
Ch1 [ç 희] Ch + e, i	Bisschen[ˈbɪsçən] 비쓰현 Sechzig[ˈzɛçtsɪç] 제희치히 Sechzehn[ˈzɛç.tseːn] 제희첸 verschlechtern[fɛɐ̯ˈʃlɛçten] 페아슈레히턴	Die Lage hat sich ein bisschen verschlechtert. Sie ist sechzig Jahre alt. Sie ist sechzehn und geht noch zur Schule. Die Lage hat sich ein bisschen verschlechtert.
Ch2 [x] a, o, u + ch 한글표기 불가능	auch[aʊ̯x] Bauch[baʊ̯x] Besuch[bəˈzuːχ] Buch[buːx] Dach[daχ] dachte[ˈdaχtə]	Ich will es auch mal machen. Nach dem Essen hatte ich einen vollen Bauch. Wir bekommen heute Abend Besuch. Ich lese gerade ein spannendes Buch. Die Katze sitzt auf dem Dach. Ich dachte, du kommst später.
S+모음 [z 즈즈] S+자음 [s 스/쓰발음]	Suppe[ˈzʊpə] 주퍼 Socken[ˈzɔkn̩] 조큰 Super[ˈzuːpɐ] 주우퍼/파 Fest[fɛst] 페스트 Glas[ɡlɑs] 글라쓰 Haus[haʊs] 하우스	Ich esse gern Suppe. Wo sind meine Socken? Das ist super! Das Fest war toll. Ich trinke ein Glas Wasser. Mein Haus ist groß.
Z [ts 츠]	Zwei[tsvaɪ̯] 츠바이 Zwanzig[ˈtsvan.tsɪç] 츠반치히 Zusätzlich[ˈtsuːzɛtslɪç] 추젯츠리히	Ich habe zwei Katzen. Ich bin zwanzig Jahre alt. Zusätzlich habe ich noch Brot gekauft.

애 슈바 ge- [gə 거]	Getrunken[gə'tʁʊŋkən] 거투룽크은 Gemütlich[gə'myːtlɪç] 거뮤틀리히 gehört[gə'høːɐ̯t] 거훠아/어트	Ich habe Kaffee getrunken. Das Zimmer ist sehr gemütlich. Ich habe das auch gehört.
애 슈바 be- [bə 버]	Besuch[bə'zuːχ] 버주흐 begrüßen[bə'gʁyːsn̩] 버그류쓴 bekommen[bə'kɔmən] 버커믄	Wir bekommen heute Abend Besuch. Ich begrüße dich. Ich bekomme einen Brief.
애 슈바 -e [ə 어]	Sonne['zɔnə] 저너/조너 Lampe['lampə] 람퍼	Die Sonne scheint. Die Lampe ist kaputt
특별한 애 슈바 -ken, -ten, den [은]	-ken: denken['dɛŋkn̩] 댕크은 -ten: trinken['tʁɪŋkn̩] 트링크은 -den: finden['fɪndn̩] 핀드은	Wir denken oft an dich. Wir müssen heute viel trinken. Wir finden die Idee gut.
-ben [bm̩ 븜] 순행동화	Lieben['liːbm̩] 리븜/립음 Haben['haːbm̩] 하븜/합음 Leben['leːbm̩] 레븜/렙음	Wir lieben Wien. Wir haben alles. Wir leben gut.
B → P D → T G → K	Ab[ap] 앞 Thailand['taɪlant] 타이란트 Tag[taːk] 탁	Ich gebe das Buch ab. Ich fliege nach Thailand. Der Tag ist schön.
단어앞 R [ʁ ㄹ] 중간/끝 R [ɐ 아]	rot[ʁoːt] 로옽 morgen['mɔʁgn̩] 모아근/모어근 Bruder['bʁuːdɐ] 브루다	Welche Farbe willst du? Ich nehme rot. Morgen habe ich einen Termin beim Arzt. Mein Bruder wohnt in Berlin.

단어강세	aussteigen[ˈaʊ̯sˌʃtaɪ̯ɡn̩] 아우스슈타이근 aufschließen[ˈaʊ̯fˌʃliːsn̩] 아우프슐리슨 annehmen[ˈanˌneːmən] 안네믄 zuordnen[ˈt͡suːˌʔɔʁdnən] 추-어아드는	Ich steige an der nächsten Station aus. Kannst du bitte die Tür aufschließen? Ich kann das Angebot annehmen. Kannst du die Bilder den Wörtern zuordnen?

©[서승아], 2025. 한글 발음 표기는 단지 참고용일 뿐이며, 발음은 반드시 원어민 발음을 통해 학습할 것을 권함

02. 추가 IPA 기호 및 한글 발음 표기

IPA	한글 표기	설명/예시	IPA	한글 표기	설명/예시
ɑ	아	짧은 '아'. 예: Mann[man]	uː	우	긴 '우'. 예: gut[guːt]
aː	아	긴 '아'. 예: Bahn[baːn]	ʊ	우	짧은 '우'. 예: Mutter[ˈmʊtɐ]
eː	에	긴 '에' 소리. 예: leben[ˈleːbən]	œ	불가능	예: Öffnen[ˈœfnən]
ɛ	애	짧은 '애' 소리. 예: Bett[bɛt]	yː	불가능	예: über[ˈyːbɐ]
iː	이	긴 '이' 소리. 예: Liebe[ˈliːbə]	ʏ	불가능	예: fünf[fʏnf]
ɪ	이	짧은 '이' 소리. 예: Milch[mɪlç]	v	영어의 f	예: Vogel[ˈfoːgl̩]
oː	오	긴 '오' 소리. 예: Sohn[zoːn]	ʃ	쉬	예: Schule[ˈʃuːlə]
ɔ	어	짧은 '어' 소리. 예: Sonne[ˈzɔnə]	ŋ	응	예: singen[ˈzɪŋən]

03. 지금 시작할 수 있는 네트워크 활동

표 12 – 주한/주독 독일 기관과 독일 관련 네트워크명

기관 및 네트워크명	추가 설명	소셜미디어
코트라 (KOTRA Hamburg)	독일 취업과 관련한 체계적이고 다양한 정보 제공, 독일 취업 Q&A, 멘토단 소개 등	네이버 카페명 https://cafe.naver.com/kotrahamburg
주한독일문화원 (Goethe-Institut Korea)	독일어, 독일 문화 체험, 현지인과 교류 기회, 창의적 네트워킹 및 다양한 교육·문화 프로그램	페이스북, 인스타그램 등
주한독일상공회의소 (AHK Korea)	독일계 기업 및 전문가와의 실질적 네트워킹, 비즈니스 정보 및 기회 제공	인스타그램(KGCCI), 페이스북 등
독밥 (Dokbab)	독일 생활, 유학, 취업, 일자리 등 실질적인 정보 제공	홈페이지
독일 유학생들의 네트워크	독일 유학생과 한국 교민들이 독일 관련 정보 교환 네트워크	페이스북
베를린리포트	생활 정보, 자유게시판, 벼룩시장, 비자/취업 등 관련 정보	홈페이지
아우스빌둥GO	독일 직업 교육(아우스빌둥) 정보 공유 커뮤니티	페이스북 커뮤니티 명 (아우스빌둥GO)

✦ **독자 감사 이벤트** ✦

아래 큐알코드를 스캔해 주세요!